治理创新的浙江解法

金雪军　张　军◎主编

ZHEJIANG UNIVERSITY PRESS
浙江大学出版社

关于第四届浙江省公共管理创新案例评选结果的通报

2016 年 6 月以来,为进一步总结浙江各地在基层治理领域的创新实践,推动我省基层治理能力的提升,在浙江省委办公厅、浙江省社会管理综合治理委员会办公室的指导下,《今日浙江》杂志社、浙江省公共政策研究院、浙江大学公共政策研究院共同主办了"第四届浙江省公共管理创新案例"评选活动。

评选活动得到了各省级部门和全省各市、县(市、区)党委、政府及有关部门的热烈响应和大力支持。按照创新性、绩效性、推广性、重要性的评审标准,主办方认真组织省内外专家对全省各地及部门申报的 278 个参评案例进行了专家初评、实地考察和综合评选,最终评出"第四届浙江省公共管理创新案例特别贡献奖"7 个、"第四届浙江省公共管理创新案例十佳创新奖"10 个、"第四届浙江省公共管理创新案例优秀奖"16 个,以及"第四届浙江省公共管理创新案例评选活动组织奖"6 个。具体名单如下:

一、第四届浙江省公共管理创新案例特别贡献奖(7 个)

1. 浙江省"最多跑一次"改革办公室:"最多跑一次"改革

2. 浙江省特色小镇规划建设工作联席会议办公室:特色小镇的浙江创造

3. 浙江省深化医药卫生体制改革领导小组办公室:医疗资源"双下沉、两提升"

4. 浙江省河长制办公室:治水创举河长制

5. 浙江省委宣传部:农村文化礼堂建设

6. 浙江广播电视集团:《今日聚焦》创新建设性舆论监督

7. 浙江省综治办:平安建设"两网融合"

二、第四届浙江省公共管理创新案例十佳创新奖(10个)

1. 中共金华市委、金华市人民政府:农村垃圾分类治理

2. 遂昌县经济商务局:农村电子商务"赶街模式"

3. 杭州市综试办、杭州市委办公厅:跨境电商综试区改革

4. 温州市金融办:企业金融风险处置创新

5. 宁波市卫生计生委:"互联网+"医疗健康服务

6. 中共平湖市委、平湖市人民政府:"三位一体"农合联改革

7. 中共开化县委、开化县人民政府:"多规合一"改革试点

8. 台州市委统战部:基层民主协商"1+X"平台

9. 德清县农办:农村产权交易示范平台建设

10. 舟山市卫生计生局:海岛医疗服务联盟

三、第四届浙江省公共管理创新案例优秀奖(16个)

1. 义乌市司法局:"以外调外"的涉外纠纷调解做法

2. 温州市公安局交警支队:交警服务的"指尖平台"

3. 中共诸暨市委、枫桥镇党委:基层治理标准化"枫桥经验"

4. 嘉兴市社会保障事务局:公民个人信用评价系统建设

5. 中共柯城区委、柯城区人民政府:全流域统筹美化乡村

6. 杭州市民政局:居家养老服务标准化

7. 中共海曙区委、海曙区人民政府:"开放空间"创新基层民主协商

8. 丽水市食品安全委员会办公室、丽水市市场监督管理局:食品安全网格化信息化监管

9. 绍兴市委政法委:农村治理的乡贤参事会

10. 温州市妇女联合会:"三段式"反家暴服务

11. 绍兴市环境保护局:生态环境损害赔偿制度改革

12. 中共三门县委、三门县人民政府:农村治污设施运维管理社会化

13. 义乌市交通运输局:出租车行业市场化改革

14. 舟山市发展改革委:重大项目建设"中心制"

15. 杭州市总工会、杭州市人力社保局：企业社会责任评估促劳动和谐
16. 安吉县民政局：村级事务准入制

四、第四届浙江省公共管理创新案例评选活动组织奖（6个）

杭州市委办公厅、温州市委政研室、嘉兴市委政研室、绍兴市委办公室、衢州市委办公室、舟山群岛新区政研室

《今日浙江》杂志社
浙江省公共政策研究院
浙江大学公共政策研究院
2017年8月15日

目　　录

三、第四届浙江省公共管理创新案例优秀奖

一、第四届浙江省公共管理
创新案例特别贡献奖

"最多跑一次"改革

浙江省"最多跑一次"改革办公室

2016 年以来,浙江省深入践行以人民为中心的发展思想,加快推进"最多跑一次"改革,以方便群众办事来倒逼简政放权,跑出了政府自身改革加速度,跑出了浙江体制机制新优势,受到中央领导的肯定、社会各界的欢迎、办事群众的点赞,成了浙江省全面深化改革的突破口。

一、实施背景

坚持政府自身改革先行、充分发挥市场机制作用、不断激发市场主体的创业激情与创新活力,既是浙江的成功经验,也是浙江一以贯之的自觉追求。前几年,浙江省政府自身改革先后经历了两个阶段,第一阶段是行政审批制度改革,累计取消和下放了 1300 多项行政审批事项。第二阶段是"四张清单一张网"改革,进一步推进简政放权,厘清政府和市场、社会的边界。但总的来看,群众和企业办事难、办事慢、多头跑、反复跑的问题仍然存在,改革与人民群众的期待还有差距,人民群众改革获得感需要进一步增强,改革力度需要进一步加大。为此,省委、省政府决定加快推进"最多跑一次"改革,以群众和企业到政府办事"最多跑一次"为目标,倒逼各级各部门减权、放权、治权,方便企业和群众办事。

"最多跑一次"改革是浙江省政府自身改革的第三阶段,推进这一改革,中央有深化"放、管、服"改革的要求,群众和企业有提高政府办事效率的需求,浙江省有"四张清单一张网"改革的基础。从这个意义上说,"最多跑一次"改革,是"四张清单一张网"改革的再推进、再深化,是"放、管、服"改革中政府的一场自我革命,是以人民为中心发展思想的浙江探索与实践。

二、主要做法

"最多跑一次"改革以明确的量化目标倒逼改革全面落地。可量化、可检验的目标,是改革全面落地的重要前提。以往的政府自身改革,包括深化行政审批制度改革、"四张清单一张网"改革,主要是从政府自身角度来推进,侧重于理清政府和市场、社会的边界,着力于打造政府行权履职的制度笼子。而"最多跑一次"改革,则是从方便人民群众办事角度来推进各项工作。"最多跑一次",既是理念和目标,更是方法和路径,旨在从群众和企业办事的需求出发,打通制度建设的"最后一公里",并以此为突破口,围绕"放、管、服"三条主线,检验各项改革的成效和作用,形成一整套倒逼部门简政放权、放管结合、优化服务的机制,加快建设服务政府、责任政府、法治政府、廉洁政府,创造更好的政务环境和营商环境。"最多跑一次"改革,聚焦于群众和企业办事"一直在路上"的难题,设定群众和企业到政府办事"跑一次"或"零上门"办结的目标,并以这一量化概念强、群众感受直观的"最多跑一次"目标来倒逼部门自断后路、接受群众监督,全面开启简政放权、优化流程、精简环节、简化材料、提高效率的自我革新之路,实现了政府自身改革的凤凰涅槃、浴火重生,推进政府服务的转型升级、脱胎换骨。

"最多跑一次"改革以前台后台的协同联动强化改革基础支撑。政府自身改革,是一个复杂的系统,既包括前台管理服务的转型提升,又包括后台法规制度的修订革新、运行流程的重塑再造等,需要系统谋划,统筹推进。"最多跑一次"改革,作为浙江省新阶段政府自身改革的一项系统工程,从内涵上看,是提高办事效率,优化政务服务,增强人民群众改革获得感;从外延上看,包含了"放、管、服"改革的各个方面,是当下浙江省政府自身改革和"放、管、服"改革工作的集成与创新。其改革的基本框架分为前台、后台两大部分,推进"最多跑一次"改革落实,关键是实现前台后台改革的协同联动、协调并进。在前台方面,重点是按照"一窗受理、一网通办、一号响应"的要求,打造政府服务人民群众的三大界面:一是全面推进行政服务中心"一窗受理、集成服务"改革,探索推行"前台综合受理、后台分类审批、统一窗口出件"的政务服务新模式,实现政务服务从找"部门"向找"政府"、部门"各自为战"向"协同作战"、行政权力向行政责任的转变;二是完善浙江政务服务网网上办事大厅建设,全面推广"在线咨询、网上申请、快递送达"办理模式,推进更多服务事项网上办理,促进线上与线下融合发展;三是深化统一政务咨询投诉举报平台建设,按照"应整尽整"原则,加大非紧急类热线整合力度,加强"12345"政务服务热线电话建设,建立健全公共服务事项数据库,完善群众和企业到政府办事事前咨询和事中事后投诉举报功能,加快实现咨询和投诉举报"最多投一次"解决问题。在后台方面,重点是围绕"放、管、服"要求抓好各项改革落地工作:一是深化"四张清单"建设,加快构建与政府治理现代化相适应的职责体系和组织体系;二是打好优化营商环境和便民服务的系统改革组合拳;三是推进系统对接和数据共享,建立电子文件归档、电子印章、电子监察等技术支撑体系,为数字化转型背景下政府自身改革提供技术支持;四是深化基层治理"四个平台"建设,全面提升基层承接"放、管、服"改革能力;五是制定"最多跑一次"工作规范,形成"最多跑一次"改革标准体系;六是全面加强和创新政府监管,落实"部门联合、随机抽查、按标监管"的"一次到位"机制,构建"事前管标准、事中管达标、事后管信用"的监管体系,以更好的"管"促进更大的"放"和更优的"服"。

"最多跑一次"改革以"一件事情"的梳理归集引领改革向纵深推进。群众和企业到政府办事"最多跑一次"事项的梳理归集是"最多跑一次"改革的基础。改革初期,浙江省以依申请和法定赋有申报(报送)等义务的行政权力事项为基础,梳理公布了第一、第二批"最多跑一次"事项,实现了大多数需要群众和企业上门办理的单部门行政权力事项的"最多跑一次"。在这个基础上,如何进一步提升群众和企业的改革获得感,关键在于推进部门"一件事情"向群众"一件事情"转变,实现办一件事不管涉及多少政府部门都"最多跑一次"。为此,浙江省在全面梳理公布"最多跑一次"事项的同时,着力从群众和企业办事需求的角度,做好"一件事情"的梳理归集工作,加快推进重点领域"最多跑一次"改革。一是在便民服务领域,出台不动产交易登记"最多跑一次"意见。目前,全省已全面实现不动产交易、税收缴纳、登记三个环节全过程"最多跑一次",群众办理"二手房"交易过户,正常情况下不超过50分钟就可以办结。二是在投资项目审批领域,出台区域环评、区域能评改革指导意见,实行施工图审查环节"多审合一",实现备案类企业投资项目零上门办理和核准类项目省级机关"零上门"办理、市县政府"最多跑一次"。三是在市场准入方面,出台"多证合一、一照一码"和证照联办的通知,实行 12 个事项"多证合一、一照一码"和 20 个领域的"证照联办"。重点领域"最多跑一次"改革的推进,大大增强了群众的改革获得感,有效降低了制度性交易成本。目前,浙江省正围绕群众和企业的办事需求,深入推进多部门、多环节以及多层级"一件事情"的挖掘推广工作,通过"一件事情"的梳理归集,引领"最多跑一次"改革不断向纵深推进。

"最多跑一次"改革以群众和企业的获得感检验改革实际成效。习近平总书记指出:"要把改革举措放到实践中去检验,让基层来评判,让群众来打分。""最多跑一次"改革的目标是以切实增强群众和企业的获得感为衡量标准,检验和评价改革的成效,到 2017 年底基本满足群众和企业到政府办事"最多跑一次是原则、跑多次是例外"的要求。增强群众和企业的改革获得感,既是"最多跑一次"改革的出发点,也是"最多跑一次"改革的落脚点,必然是检验改革成效的最终标准。为此,在改革的推进过程中,浙江省坚持开门搞改革,一是充分调动群众参与改革的积极性,尊重基层和群众的首创精神,注重从基层和群众中汲取改革的智慧和经验。如多证合一、分领域证照联办等一些经实践证明行之有效的改革创新,都来自于基层的探索实践,紧贴基层一线群众和企业的办事需求,具有强大的生命力。二是把改革评判权交到基层和群众手上,在浙江政务服务网开通"调查评估""改革建言"等栏目,由人民群众评价"最多跑一次"改革实施情况,并征集深化改革的意见建议。组织开展第三方评估,通过问卷调查、群众访谈等形式,客观评价改革的成效和问题。发动各级部门负责人以普通群众身份体验办事,全面了解群众办事的难点、堵点和痛点,并有针对性地推动问题解决。通过发动群众参与改革、评价改革,并根据群众意见建议推进改革,全面开启了政府和群众良性互动推进政府自身改革之路。

当前,浙江省"最多跑一次"改革正在从破题向纵深、从倒逼向主动、从量变向质变转变,规范化、标准化的"最多跑一次"事项体系和办事指南基本建立,行政服务中心"一窗受理、集成服务"改革全面实施,系统对接和数据共享加快推进,投资项目审批、商事制度、便民服务等重点领域改革取得重要进展,政务服务质量和效率不断提升,企业的营商环境持续优化,群众和企业的改革获得感明显改善。"最多跑一次"改革,正在不断丰富理论内涵和拓展实践探索,全面撬动各方面各领域改革,协同推进浙江全面深化改革。

特色小镇的浙江创造

浙江省特色小镇规划建设工作联席会议办公室

规划建设特色小镇是浙江在新常态下作出的创新发展战略,自 2015 年启动建设以来,浙江省委、省政府坚持产业为基、创新为魂,全力推进特色小镇规划建设。习近平总书记、李克强总理和张高丽副总理等中央领导高度肯定特色小镇,中央部委大力支持特色小镇,市场主体高度关注特色小镇,各级媒体持续点赞特色小镇,特色小镇建设成为浙江具有广泛影响力的创新工作。

一、实施背景

规划建设特色小镇是具有历史传承、符合发展规律、切合浙江实际的重大决策和政策创新。从历史渊源看,特色小镇源于浙江块状经济和区域特色产业的 30 多年实践。改革开放以来,浙江培育并形成了一大批块状经济和区域特色产业。从现实需要看,传统块状经济和区域特色产业竞争力日趋下降,过多依赖低端产业难以为继,需要加快推进腾笼换鸟、实现凤凰涅槃。从政策基础看,规划建设特色小镇,是在"五水共治""四换三名"、创新驱动等转型升级组合拳的基础上作出的新决策,是上述转型升级组合拳各项政策举措的集成和深化。从实践基础看,特色小镇的政策研究是与各地的探索实践同步进行的。山南基金小镇、云栖小镇、梦想小镇,在浙江省政府政策调研期间先后开工建设。在全省规划建设一批特色小镇,有历史渊源,有现实需要,有政策基础和实践基础。特色小镇一经提出,就得到了浙江全省上下的积极响应、社会各界的普遍关注。

二、主要做法

浙江特色小镇以全新的概念内涵引领未来发展。特色小镇是浙江省委、省政府根据浙江的发展阶段、产业特点、文化特色和资源禀赋,认真研究国内外城市化和生产力布局规律,大胆创新,顶层设计后提出的新概念。特色小镇是按照创新、协调、绿色、开放、共享的发展理念,聚焦支撑浙江长远发展的七大新产业,兼顾历史经典产业,结合自身特质,找准产业定位,挖掘产业特色、人文底蕴和生态禀赋,以产业为核心,融入文化、旅游和一定的社区功能,集成产业高端要素,通过市场化运作而形成的"产、城、人、文"四位一体的创新创业发展平台。特色小镇不是传统行政区划单元上的"镇",也不是风景区和产业园区的"区"。与传统的风景区相比,特色小镇创新融入了产业功能、文化功能和社区功能,而不是简单的旅游风景区。与传统产业园区相比,特色小镇的产业从"低、小、散"升级为"高、精、尖",功能从"大车间"转型为"新社区",环境从"脏、乱、差"脱胎为"绿、净、美",人员从以"工农军"为主变成以"新四军"为主。特色小镇是顺应后工业化时期发展需求的创新产物,是促进浙江经济向现代化发展的创新实践,是培育经济新动能的创新载体,它以独特创新的内涵特征,努力探索未来经济发展的形态和模式。如梦想小镇,把旧粮仓改成众创空间,把古镇街改成梦想大道,布局了 YOU＋公寓、创业咖啡、论坛沙龙等功能区,仅一年多便集聚了来自全世界的 7000 多名年轻人在这里创新创业,创立了 740 多个项目,吸引了 300 多家风投和基金公司,与信息经济有关的各种奇思妙想正在付诸实践,由创意变成产业。

浙江特色小镇以全新的建设路径引导高质发展。浙江创新思维,从推进经济转型升级和城乡统筹发展大局出发,把特色小镇作为集聚高端要素、产业创新发展、城乡统筹发展的试验田,引导浙江经济社会向高质量发展。致力于产业高端,把产业特色化、高端化作为特色小镇建设的核心内容。明确每个特色小镇都要锁定信息经济、环保、健康、旅游、时尚、金融、高端装备等七大新产业,以及茶叶、丝绸、黄酒、中药、木雕、根雕、石刻、文房、青瓷、宝剑等历史经典产业中的一个产业,主攻最有基础、最有优势的特色产业来建设,不能"百镇一面"、同质竞争。要求每个特色小镇都紧扣产业升级趋势,瞄准高端产业和产业高端,引进高端人才,培育行业"单打冠军",构筑产业创新高地。如同样是信息经济特色小镇,云栖小镇主攻云计算,梦想小镇主攻互联网创业,e 游小镇主攻手游产业,跨贸小镇主攻跨境电子商务。致力于业态创新,把功能集成、融合发展作为特色小镇建设的关键内容。要求每个特色小镇围绕特色产业,聚合文化、旅游和一定的社区功能,在小空间里实现四大功能的有机融合,促进三次产业交融发展,打造产业生态圈,孵化出新业态,探索产业创新发展的新路径。如嘉善巧克力甜蜜小镇,围绕巧克力生产,融入工业旅游、定制体验、婚庆产业、花海种养等业态。2016 年 1—9 月,小镇实现服务业营业收入 4100 多万元,工业企业主营业务收入 2600 多万元,接待游客 100 多万人次。致力于生态发展,把资源集约、精美发展作为特色小镇建设的重要环节。浙江认真贯彻落实习近平总书记"两山""两鸟"理论,把浙江"七山一水二分田"的短板,变成"好山好水好风光"的长板。原则上把特色小镇布局在城乡接合部,规划面积控制在 3 平方公里左右,以生态保护为底线,以建成 3A—5A 级景区为目标,并要求打造独特的建设风格、人文气息,做强美丽经济,提高全要素生产率。如玉皇山基金小镇,通过"三改一拆"、腾笼换鸟,建成了具有古典园林风格的金融小镇。目前,小镇已集聚各类金融机构 1010 家,资产管理规模突破 6000 亿元,其中投向实体经济项目 759 个、金额达 1700 亿元,扶持上市公司 79 家,2016 年 1—9 月,小镇税收突破 10 亿元,增长 260%。

浙江特色小镇以全新的政策制度激励加快发展。浙江以供给侧结构性改革的思路,强化制度创新,优化政策供给,对"争帽子不作为"现象念起紧箍咒,为特色小镇蓬勃发展提供了有力的制度保障。立足提高政策供给的有效性,设计了有奖有罚的扶持政策,对完成年度目标任务的省级特色小镇创建对象,兑现扶持政策,对不能完成目标任务的,加倍倒扣用地指标,推进特色小镇稳步发展。立足优化政策供给的针对性,设计了多干多得利、期权式奖励的扶持政策。用活扶持政策,用地根据年度实际新用建设用地奖励,财政按照年度新增税收给予奖励,政策兑现从事先直接给予变为事后结算,最大限度发挥政策效应。2016 年,浙江对 36 个上一年年考核合格的小镇兑现了用地 8845 亩。立足发挥政策供给的示范性,设计了典型引路、重奖示范小镇的倾斜政策。择优公布了 10 个省级示范特色小镇,给予土地、产业基金设立等方面的倾斜支持。如浙江省国土资源厅给省级示范特色小镇另开小灶,额外奖励每个小镇用地指标 100 亩。

立足强化政策供给的带动性,设计了宽进严定、动态培育的"创建制"新路。省里不搞区域平衡、产业平衡、数量限制,以是否符合特色小镇的内涵要求、建设目标为唯一标准,择优分批公布省级特色小镇创建名单和培育名单。对于年度考核不达标的特色小镇,实施退出机制。经过年度考核,浙江省已对 1 个省级特色小镇创建对象降格,并对 3 个考核排名靠后的被警告小镇进行了约谈。通过正向激励和倒逼发展机制的紧密结合,特色小镇建设充满了朝气,充满了正能量。

浙江特色小镇以全新的运作机制促进活力发展。浙江坚持政府引导、企业主体、市场化运作,创新建设模式、管理方式、服务手段,初步形成了以市场为主的特色小镇运作机制。鼓励建设主体多元化。以全开放的理念,不设门槛、不问出身,敞开大门欢迎各类建设主体参与特色小镇建设。国企、民企、外企、高校,行业领军人物纷至沓来,特色小镇的建设主体英雄荟萃。如阿里巴巴集团技术委员会主席王坚博士是云栖小镇的灵魂人物,浙江省农村发展集团和绿城集团是花田小镇的建设主体,浙江大学是西湖紫金众创小镇的建设主体。争取建设资金来源多样化,浙江以平等、开放的竞争机制,鼓励各类资金投入到特色小镇。民间资本成为小镇建设主力军,国家建设专项基金设立了特色小镇专项基金,已给予浙江 6.5 亿元作为支持,股权投资基金、银行信贷资金等纷纷参与建设,省建设银行、省农业银行分别为特色小镇专设 700 亿元和 600 亿元的授信规模。做到过程管理动态化,浙江非常注重特色小镇的建设过程,创新设计和用足用好特色小镇统计监测制度,采取一季一通报、一季一现场会、一季一"镇长论坛"、一年一考核、不定期约谈等方式,以成绩说话,动态淘汰低速、低效、低质发展的特色小镇。提供服务力求精准化,浙江创新手段,为特色小镇提供专业指导、贴心服务、最优环境。建立省领导联系制度,为特色小镇问诊把脉,快速协调解决重大问题。要求各部门做好"店小二",根据特色小镇的产业特点和人才集聚需求,创新审批方式,提供个性化、专业化的服务。允许国家的改革试点、省里的改革试点、符合法律要求的改革试点,在特色小镇先行先试。如浙江已在特色小镇全面推进"区域能评、环评＋区块能耗、环境标准"取代项目能评、环评,开展 50 天高效审批试点。

目前,浙江特色小镇正在蓬勃发展,呈现出有效投资加快、产业结构优化、建设质量提升、高端要素集聚的良好发展态势。2016 年 1—9 月,78 个省级特色小镇创建对象完成固定资产投资 766.7 亿元,镇均投资9.8 亿元;其中有 36 个、占 46.2% 的小镇投资已超 10 亿元,有 4 个小镇已完成投资超 20 亿元;特色小镇与多家高校、省级以上科研院所建立了紧密的合作关系,新集聚了以"新四军"为代表的创业创新人才 11460 人、企业 6248 家;新产品产值为 1635 亿元,高新技术企业增加值为 339.6 亿元,其中 9 月份当月申请专利达 1278 件。特色小镇,正以产业"特而强"、功能"聚而合"、形态"小而美"、机制"新而活"的独特气质,成为实现创新创业者梦想、加快供给侧结构性改革、促进产业转型升级、培育经济新动能、建设服务型政府的新平台。

医疗资源"双下沉、两提升"

浙江省深化医药卫生体制改革领导小组办公室

2012年年底以来,为缓解县级公立医院和基层医疗卫生机构人才短缺和服务能力薄弱、资源配置失衡等的局面,浙江省推进实施了"双下沉、两提升"工程,以"城市医院下沉、医学人才下沉"为突破口,以"提升县域医疗卫生服务能力和群众就医满意度"为目标,以共建共享为基本原则,在体制机制、制度政策上系统谋划,坚持需求、问题、改革三个导向,以为民的宗旨、改革的精神、务实的举措,扎实推进城市优质医疗资源下沉、工作重心下移,初步形成了依次梯度下沉的格局,有效地提高了基层医疗服务水平,促进了医疗卫生资源的科学配置,提升了医疗服务体系整体效率。

一、实施背景

(一)顺应百姓对优质医疗的迫切需求

浙江省作为我国沿海经济发达的省份,在社会民生领域面临着更多和更高的需求,尤其在医疗卫生服务领域,人民群众期望获得更高水平、更高质量、更加便捷的医疗卫生服务。从数量上看,全省的医疗资源总量虽居于全国较高水平,但也仍然面临结构、布局和质量上的问题,医疗床位数、医疗人力等资源与经济发展水平匹配程度不高,尚不能够满足人民群众对优质医疗服务资源的需求,特别是县域基层的群众对"家门口"的优质医疗卫生服务还有更多期盼。要更好地满足百姓对优质医疗资源的迫切需求,就需要努力做到医疗卫生工作重心下移、医疗卫生资源下沉,使百姓在家门口也能享受到高效优质的医疗服务。

(二)医疗卫生事业健康发展的必然要求

项目实施前,由于各级各类医疗机构之间缺乏紧密的联系纽带,医院追求单体扩张发展的内生动力和外在压力都很大,特别是城市大医院的快速扩张,对医疗人才资源形成了强烈的虹吸效应,"唯上、唯大、唯强"选择就诊目的地医院依然是患者择医主流。这不仅加剧了医疗资源配置的进一步失衡,削弱了基层的医疗服务能力,也加重了医保基金支付的压力和患者看病就医的负担。推进优质医疗资源下沉是落实国家医药卫生体制改革精神的重要举措,同时也是促进医疗卫生事业发展的必然要求,需要以更大决心、更大气力、更大勇气改革创新工作机制,在现有制度框架内引导群众合理有序就医。

(三)实现区域共建共享发展的不懈追求

浙江省提出了"高水平全面建成小康社会"的发展目标,但工业化、城镇化、人口老龄化、疾病谱变化、生态环境及生活方式变化等,也给维护和促进健康带来一系列新的挑战,健康服务供给总体不足与需求不断增长之间的矛盾依然突出,健康领域发展与经济社会发展的协调性有待增强。促进不同区域、不同层级、不同类型的医疗卫生机构共建共享,合理有效利用有限资源,为人民群众提供与高水平小康社会相适应的医疗卫生服务,已成为浙江省医疗卫生事业发展最迫切的追求。

二、主要做法

"双下沉、两提升"着重建立城市医院与县级医院紧密的合作办院关系,以分院的形式建立稳定的管理、技术、人才、信息和经济纽带,推动城市医院人、财、物向县级医院和基层下沉,把错配的医疗服务供给格局扭转过来,努力使医疗资源的配置更加贴近基层所需、群众所求,发挥医疗资源的最大效益。

(一)推进合作办医、城乡医院统筹共建,促进优质医疗资源合理配置

自2014年以来,在浙江省委、省政府的大力支持和相关部门密切配合下,城市医院与县级医院开展了多种形式的合作办医,着力破解医疗资源"上大下小"与医疗需求"上小下大"之间的供需矛盾,促进了全省优质医疗资源合理配置。一是扩大省级三甲等医院下沉覆盖面。省级三级甲等医院把对26个加快发展县作为资源下沉的重点,13家省级三甲医院与28家加快发展县的县级医院建立合作办医关系,实现省级优质医疗资

源全覆盖,有效提升经济欠发达地区的医疗服务能力,为推进健康扶贫战略打下坚实的基础。二是深入实施市级三级甲等医院下沉。39家市级医院、15家省级医院与122家县级医院开展合作办医,实现对全省90个县(市、区)的全覆盖,促进城市优质医疗资源在全省范围内的优化配置。三是全面推进县级医疗资源下沉。县级医院通过建立县域医学影像、临床检验、心电检查、慢病管理等区域共享中心,设立基层住院分部和专家门诊,定期下基层带教查房,构建技术协作合作体等多种形式,推进县级医疗资源下沉到乡镇卫生院,推动优质医疗资源在县域内延伸。

(二)鼓励人才下沉、区域人力资源共享,破解基层医疗卫生瓶颈问题

推动各类医学人才下沉,补强基层卫生人才短板。统计数据显示,自2014年以来,2000多名经住院医师规范化培训的年轻医生进驻县、乡医疗机构,4000余名医师在晋升中高级职称前到基层服务,定向培养1500名大专及以上医学生,为基层招聘近万名大专及以上学历医学人才,基层医疗卫生人才的瓶颈问题得到一定程度的缓解。同时,通过城市医院派出管理人员和技术团队,一定时期内全职在合作办医的县级医院工作,建立托管专科的骨干医师"导师制"培养等制度,对基层医务人员进行学科、学术方面的传、帮、带,加快基层卫生人才队伍建设。2015年,15家省属医院共下沉各级各类医务人员1961人,派出人数占医院中级职称以上医生数的25.48%,中级职称以上占比为95.51%。2016年1—6月,省属医院下沉到县级医院的常驻超过4个月的医务人员达427人。

(三)推动资金下沉,共建共享专病中心,探索建立合作办医长效机制

坚持改革创新,推动有资产纽带联系的省级三级甲等医院县级分院建设,运用经济纽带实现合作办医"责权利"统一,形成发展共同体、利益共同体和责任共同体。2015年7月,7家省级三级甲等医院与8个县(市)政府签订资金下沉合作办医项目,涉及11个专科(专病)中心,涵盖心血管介入、微创、泌尿外科、血液净化、肿瘤、消化、脑血管等7个学科,省级三级甲等医院下沉3亿元资金与县级医院共建专病中心。目前,11个专病中心中有9个中心基建工程已经完成,5个中心已投入实质运营。其中,浙江省人民医院浙北微创外科中心(海宁市中心医院)已开展各类微创手术约870例,较2016年同期增长76%;浙北泌尿肾病中心已拥有

血液透析机 28 台,可开展各类危重急症透析抢救等治疗,目前透析病人 48 人,已逐步成为周边区域肾脏病患者信赖的诊疗中心。浙江省立同德医院浙北中西医结合消化病中心(海盐县中医院),2016 年 1—6 月门诊病人 6839 人次,较去年同期增长 6.66%,出院病人数 499 人次,较去年同期增长 25.38%,手术量 616 台次,较去年同期增长 13.86%。浙江大学医学院附属第一医院浙中肿瘤中心(缙云县人民医院)自 2017 年 4 月建成投入使用以来,已开放床位 30 张,日间病床 6 张,床位使用率 100%。专病中心建设带动了医院整体服务水平的提升,医院影响力和医疗辐射能力得到进一步增强。

(四)加强政策保障,践行共享发展理念,持续推进优质医疗资源下沉

"双下沉、两提升"工作得到浙江省委、省政府的高度重视。2015 年 4 月、7 月以及 2016 年 4 月,浙江省委书记、省长先后 3 次召开工作现场会,研究部署"双下沉"工作。省委要求,人要继续下、面要继续推、机制要建立起来,多一些"一院一策"的精准帮扶,多一些让人才"身到心到"的配套政策,多一些"缺啥补啥"的造血举措,通过"双下沉、两提升"牵引好公立医院改革,进一步打开医疗服务供给侧改革的通道。一是加强顶层设计。先后出台了《关于推进城市优质医疗资源下沉的实施意见》和《关于推进"双下沉、两提升"长效机制建设的实施意见》,为开展合作办医、加强人才下沉、构建长效机制等方面提供了政策支持。二是完善配套政策。财政、医保等部门密切协作,建立和完善相关配套政策。省级财政设立专项资金用于引导和保障优质医疗资源下沉。人力社保部门通过完善医保报销政策和建立人事激励政策,推进区域专病中心建设和鼓励优秀人才下沉。三是加强考核督导。建立第三方考核机制,联合省财政厅委托两家会计事务所考核合作办医双方在"双下沉、两提升"工作中的组织推进、人员到位、工作绩效、资金使用等内容。同时,建立"双下沉、两提升"专项工作督导机制,成立"双下沉、两提升"专项工作督导组,开展专项工作政策举措贯彻落实情况的督导工作,及时查找工作落实中存在的问题,督促各级医院抓好整改落实,推动优质医疗资源持续高效下沉。

三、创新特点

（一）理念创新

全省医疗卫生系统主动转变服务理念，按照"医疗卫生工作重心下移、医疗卫生资源下沉"的要求，城市医院、医生下沉基层服务、贴近基层所需；基层医生向家庭医生、责任医生转型，走出院门、走进社区，关心群众所求。

（二）制度创新

"双下沉、两提升"工作与全面深化医改互为依托、相互促进，以"双下沉、两提升"为突破口推动医改向纵深发展，通过医疗、医保、医药等重点改革的统筹推进，充分发挥出了医改政策的叠加效应。

（三）路径创新

合作双方医院因地制宜、因院制宜，以业务、技术、管理、资产等为纽带，采用全面托管、重点托管、专科托管、培育资源纵向整合的医疗集团或医联体等不同类型的合作办医模式，最终形成发展共同体、利益共同体、命运共同体。

（四）手段创新

以"互联网＋"为契机加速医疗卫生事业供给侧改革，大力发展智慧医疗，加强卫生信息资源互通共享，利用现代互联网来打通医疗服务的"堵点"、破解看病难的"痛点"、消除医疗监管的"盲点"，改善群众就医体验。

（五）内容创新

通过医疗服务重心不断下沉，服务的关口继续前移，促进了预防、保健、康复、护理、养生、养老等健康服务业的统筹，把防与治更加紧密地结合起来，做好群众的"健康守门人"。

四、主要成效

全省积极贯彻落实省委、省政府"双下沉、两提升"工作部署和要求，经过 2013 年项目启动、2014 年稳步实施、2015 年全面推进和 2016 年做实做优四个阶段的努力，初步取得"群众得实惠、医院添活力、医改有突破"的成效。县级医院在医院管理、服务水平、人才培养、学科建设等方面取得新的进展,提高了医疗卫生资源的配置效率,推进了分级诊疗制度建设。2016年5月,"双下沉、两提升"工作在由国家卫生和计划生育委员会、中国卫生杂志社、健康报社主办的医改新举措评选中,荣获"2015年度'推进医改服务百姓健康'十大新举措"称号。2016年12月,国务院医改领导小组发文将浙江省"双下沉、两提升"作为深化医药卫生体制改革典型案例向全国推广。

(一)服务能力有新提升

合作办医的县级医院业务水平明显加强,危重症病人诊治及急救能力得到提高,微创手术从几乎未开展到全面开展,平均每家医院建立专科、亚专科4个。2015年,合作办医的县级医院门急诊诊疗2572.6万人次,同比增长3.5%;出院85.8万人次,同比增长2.9%;手术22.4万人次,同比增长3.81%,其中Ⅲ类以上手术9.1万例,同比增长10.47%。合作办医地区县域内就诊率在2014年提高近5%的基础上,2015年又上升了3.09%,海宁、海盐等地已接近或超过90%。

(二)学科建设有新发展

2015年县级医院省、市级重点学科(专科)数量呈现增长趋势,一批适宜技术得到普及,微创手术、心脏介入等在县级医院得到快速发展,部分学科由一级向二级细化,推动了县级医院的学科发展。随着学科建设的发展,县级医院部分学科在当地的影响力不断提升,学术科研能力也得到加强,有的县级医院实现了省、市级课题零突破。如北仑区人民医院科研立项10项,其中省部级2项,荣获浙江省医药卫生科技奖2项。县级医院成功主办国家级、省市级继教项目多个,如海宁市中心医院举办国家级继教项目1个,省、市级继教项目6个。

(三)人才培养有新突破

双下沉人才培养逐渐从"输血"迈向"输血"和"造血"并重。2015年,15家省级医院共下沉副高级职称及以上专家1627人次,城市医院接收县级医院培训1859人次。通过"请进来、送出去",省级专家对县级医院的医务人员和管理人员进行传、帮、带,提升了县级医院医务人员的技术和管理水平。"本土化"人才队伍建设取得新成效,县级医院领军人才、中高级职称人员不断增加,如:景宁县人民医院新增省医学会委员 4 人、市级医学会委员十余人,20 余名医护人员被评为畲乡名医护;三门县人民医院新增省龙头学科带头人 1 人、台州市重点培育学科带头人 2 人、台州市名中医 1 名;北仑区人民医院 1 人任省级学会副主委、1 人入选省医坛新秀培养计划、3 人被选为宁波市领军人才。

(四)深化医改有新进展

"双下沉"对城市三甲医院与县级医院合作办医、引导和鼓励医学类大学生到基层工作作出了制度性安排,使长期固化在城市大医院的优质医疗资源得到有效流动。城市大医院对基层医院的反哺补强、城市医生对基层群众的贴近服务,对分级诊疗体系的加快建立起到了重要的推进作用。2015 年,全省有 7 个市、47 个县(市、区)开展了分级诊疗试点工作,覆盖了 70% 地市和 50% 以上的县(市、区),试点地区基层医疗卫生机构门诊量较同期增长明显,基层医疗卫生机构诊疗人次占总诊疗人次比例同比增加 3.02%。基层医疗卫生机构的床位使用率也有一定幅度的提高。2016 年 6 月,省政府办公厅印发《关于推进分级诊疗制度建设的实施意见》,要求年内在全省实行分级诊疗;8 月,国家卫生和计划生育委员会、国家中医药管理局印发《关于推进分级诊疗试点工作的通知》,将浙江省 11 地市列入国家分级诊疗试点城市名单,分级诊疗制度建设已在全省范围内全面开展、有序推进。

治水创举河长制

浙江省河长制办公室

为积极探索"绿水青山就是金山银山"的生态文明发展之路,从根本上解决水的问题,打造人水和谐、相互依存的水生态环境,自 2013 年起,浙江省委、省政府作出以治污水、防洪水、排涝水、保供水、抓节水为工作内容的"五水共治"重大决策部署,并将河长制作为基础性、关键性保障措施一并部署实施。经过全省人民几年的共同努力,河长制在浙江省成果斐然,水环境质量持续优化,河湖管护机制日趋健全,水资源管理不断加强,经济转型升级初见成效,全民爱水护水的良好氛围已经形成。

一、主要内容

（一）贯彻横向到边、纵向到底、突出重点、一岗多责的管理理念,强化
　　　顶层设计

目前,全省已有 6 名省级河长、199 名市级河长、2688 名县级河长、16417 名乡镇级河长、42120 名村级河长,共同形成五级联动、河流全覆盖的河长制体系。

1. 横向到边。省河长制办公室成员单位涵盖 17 个省级政府部门。每个县级以上河长都明确联系部门。矛盾多发、尖锐的河道还配备河道警长。

2. 纵向到底。2013 年,全省初步建立省、市、县、乡四级河长体系。2015 年,将河长体系覆盖到村级。2017 年,又将河长管理对象延伸到了沟、渠、塘等小微水体,确保河长全覆盖、无盲区。

3. 突出重点。浙江省委、省政府、省人大、省政协等四套班子共 6 名省级领导分别担任 6 条跨设区市重点水系的省级河长,并明确省级联系部门。对存在劣 Ⅴ 类水质断面的河道,所在地市、县(市、区)党政主要负

责同志亲自担任河长。

4. 一岗多责。各级河长是包干河道的第一责任人,牵头制定一河一策治理方案,并同时承担河道日常管理、协调推进河道治理、监督日常清淤保洁等"管、治、保"三位一体的职责。

(二)建立职责清晰、沟通顺畅、任务明确、监管有力的制度体系,规范
河长履职

1. 出台职责清晰的《基层河长巡查工作细则》等制度。规定各级河长的巡查、记录、处理或跟踪落实问题等要求,并在 2017 年年中出台《浙江省河长制规定》,为河长依法履职提供法律保障。

2. 建立沟通顺畅的举报投诉受理、重点项目协调推进、会议和报告等制度。规定对各类举报投诉必须件件受理、事事回应,各级河长紧盯、协调推进河道治理项目,上级河长定期召开工作例会或联席会议,下级河长向上级河长定期报告。

3. 出台任务明确的《河长制水环境治理方案编制指南》《河长公示牌规范设置指导意见》《关于全面深化落实河长制进一步加强治水工作的若干意见》等指导意见。指导各级河长制定"一河一策"治理方案,规范河长公示牌的具体标准,明确水污染防治、水环境治理、水资源保护、河湖水域岸线管理保护、水生态修复、执法监管等六方面主要任务。

4. 建立监管有力的督查指导、考核问责等制度。将河长制落实情况作为各级督查机构明察暗访各级"五水共治"和美丽浙江建设考核的重要内容。定期评选、宣传优秀河长,对工作不力、考核不合格的河长约谈警示、通报批评,对履职不到位、失职渎职的河长依法依纪追究责任。

(三)打造媒体覆盖、功能完善、全民参与、共同监督的信息平台,公开
河长政务

1. 打造媒体覆盖的信息平台。开设今日聚焦、治水拆违大查访、河长公开承诺、公开述职和电视问政河长等新闻栏目或活动,吸引公众参与监督。

2. 打造功能完善的信息平台。以钱塘江河长制信息系统为龙头,初步实现全省河长制信息平台、各类 APP 与微信平台等全覆盖,搭建了融信息查询、河长巡河、信访举报、政务公开、公众参与等功能为一体的智慧

治水大平台。

3. 打造全民参与的信息平台。大力推行民间河长、企业河长、乡贤河长、华侨河长、河小二等河长制管理方式,组建治水义务监督员、志愿者队伍等补充管理方式。

4. 打造共同监督的信息平台。开发河长 APP 或微信公众号,并将二维码标注在河长公示牌上。公众可直接向河长或管理部门举报投诉,及时掌握处理进程,参与治水监督。

二、绩效评价

浙江省作为全国领跑河长制的地区之一,为全国开展河长制工作提供了浙江样板。

水环境质量持续优化。全面完成消灭垃圾河 6500 公里,消灭黑臭河 5100 公里的任务,基本清除了"黑、臭、脏"的感官污染,城乡水域及周边环境得到极大的改观。2016 年年底,全省 221 个地表水省控断面中,Ⅲ类以上的水质断面占 77.4%,比 2013 年提高 13.6 个百分点;劣Ⅴ类水断面占 2.7%,比 2013 年减少 9.5 个百分点。

经济转型升级初见成效。高能耗、高污染的大批特色小行业企业关停、整治、提升,人水和谐、低碳环保的生态之美进一步凸显,浙江经济转型升级初见成效。2016 年,全省规模以上工业中,高新技术产业、战略性新兴产业、健康产品制造、节能环保产业增加值同比增长 10.1%、8.6%、8.9% 和 7.4%。全省旅游产业增加值 3305 亿元,同比增长 12.8%,乡村旅游经营总收入 291 亿元,同比增长 26.1%。

水资源可持续发展落到实处。各项指标继续改善,用水总量有所下降,用水效率明显提高,水功能区限制纳污指标不断优化。"十二五"期间,全省用水总量从 197.91 亿立方米下降到 186.05 亿立方米;万元工业增加值用水量从 47.2 立方米下降到 29.18 立方米,万元 GDP 用水量从 71.3 立方米下降到 44.9 立方米,农田灌溉水有效利用系数从 0.560 提高到 0.582;重要江河湖泊水功能区水质达标率已达到 74.1%,超过国务院制定的 69% 的目标任务。

民众对政府的满意度持续提升。根据 2016 年 6 月发布的《浙江省社会舆情蓝皮书（2016）》数据显示,浙江省民众对政府满意度总体较高,2015 年达 77.58%,同比上升近两个百分点,71.1% 的受访者认为目前的生态环境"安全"或"基本安全",89.4% 的受访者对拥有更好的环境持乐观态度。

治水新机制逐渐形成。河长制办公室各成员单位统筹资源、互相配合,工作成绩显著,也有力地推动了我省治水新机制逐渐形成。2016 年,全省拆除各类涉水违建 272.8 万平方米(2013 年以来累计 1940.7 万平方米),河湖库塘清污(淤)1.4 亿立方米,河道综合整治 2835 公里,首批 1699 个工程通过标准化管理考核评估,河道保洁基本实现全覆盖。

三、创新启示

(一)河长制体现了各职能部门统筹资源、多效共赢的管理体制新思路

省河长制办公室成员单位包含环保、水利、发改、经信、建设、农业、农办等 17 个省级政府部门,这些部门各司其职,各负其责,统筹资源,紧密配合,与河长齐抓共管,工作成效显著。各职能部门克服了以往职责边界不清、部门利益冲突、共性问题难以解决等症结,较好地履行了各自职责,实现了多效共赢的目标,为政府探索大部制改革、提高工作效能提供了宝贵的实践经验,也充分说明各部门统筹资源、多效共赢的管理体制是可行的,更是值得研究推广的。

(二)河长制体现了以问题为导向,政府主动作为,勇于解决民生难题的大局意识

当前是改革发展的转型期、各种深层次矛盾的凸显期,前些年环境污染、水质恶化等问题降低了人民群众的生活品质,也影响了政府的公信力。河长制的各项举措,首抓清理黑河、臭河、垃圾河的"清三河"行动,借势发力,乘势开展剿灭劣Ⅴ类水行动,始终体现政府主动作为,勇于解决民生难题的大局意识,让人民群众在绿水青山的优美环境中感受改革进步带来的美好成果。浙江民众对政府的满意度持续提升。

(三)河长制工作成效显著,推动传统高能耗、高污染、低效益的粗放型经济模式转型升级

在河长制执行过程中,大批特色小行业企业关停、整治、提升,高能

耗、高污染、低效益的粗放型企业逐渐被取代,浙江的经济发展不但没有受到影响,反而显示出了人水和谐、低碳环保的生态经济之美,经济发展持续增长,转型升级初见成效。

农村文化礼堂建设

浙江省委宣传部

根据农村经济发展水平和农民精神文化需求,浙江省委、省政府于 2013 年在行政村部署开展农村文化礼堂建设。省委将农村文化礼堂工作作为浙江省全面深化改革的重要评估项目之一。省政府连续四年将这项工作列入十件为民办实事项目。截至 2016 年 12 月底,全省共建成农村文化礼堂 6527 个(每年确立建设目标 1000 个,年年超额完成任务)。

农村文化礼堂建设是一项惠及广大农村群众的民心工程,已成为浙江省农村工作和基层宣传文化工作的一大品牌。中央政治局委员、中央书记处书记、中宣部部长刘奇葆同志对这项工作给予了充分肯定,认为"项目很有特色,是推进标准化、均等化的有益尝试"。在全国农村精神文明建设工作经验交流会、全国培育和践行社会主义核心价值观工作经验交流会、全国基层公共文化服务工作现场经验交流会上,浙江省农村文化礼堂建设工作作为典型经验被介绍。

一、主要做法

这是一项"走在前列"的创新性工作,主要突出"四个抓"。

1. 抓建设标准,做到建一个成一个。我们连续四年组织编写《文化礼堂操作手册》,在实践中不断完善标准,作出规范。各地结合实际,采取新建、改建、扩建等多种形式加以推进。在硬件方面:有一定规模的礼堂和讲堂,按照国家、省有关要求,建有完备的文化活动室、农家书屋、广播室、"春泥计划"活动室、群众体育活动设施、文化信息资源共享工程基层网点等文体场所。在展示展览方面:通过展览墙、室、馆等不同展陈形态,以图片、文字以及实物等展示村史村情、乡风民俗、崇德尚贤、美好家园、时事政策等内容。同时,每个县(市、区)每年确定三个样板村进行重点打造,示范带动。

2. 抓内容建设,聚焦于精神家园。把培育和践行社会主义核心价值观放在首位,大力推动教育教化、乡风乡愁、礼仪礼节、家德家风、文化文艺进农村文化礼堂。组织开展有一首村歌、有一则村训或村规、有一个"善行义举"榜(栏)、每年办一台"村晚"等"七个一"活动。全面实施农村文化礼堂"星期日活动",促进村民形成相对固定的活动参与习惯。组织举办全省"村歌"创作演唱大赛,组织"农村文化礼堂之歌"创作活动,唱响乡村好声音。组织开展各类礼仪活动,发挥礼仪的规制导向作用。建立全省文化服务大菜单,组织"文化走亲",开展"文化惠民、书香礼堂"活动,丰富农村文化礼堂内容。

3. 抓队伍建设,全面提升服务管理水平。先后组建农村文化礼堂工作指导员、管理员、志愿者三支队伍,目前,全省农村文化礼堂工作有指导员 1741 人、管理员 6000 多人、志愿者 4805 人。重视培养乡土文化能人、文化活动积极分子,组建各种业余排舞队、腰鼓队、合唱团等,动员和鼓励各方面人才特别是有一定专长的人员投身农村文化礼堂建设。我们先后面向基层组织举办了 40 多期农村文化礼堂建设专题培训班,并引导各地建立农村文化礼堂理事会,推动长效机制建设。

4. 抓工作保障,确保各项工作顺利推进。全省各级都建立了由党委、政府统一领导,各相关部门密切配合、共同推进的领导体制和工作格局。把农村文化礼堂建设纳入浙江省国民经济和社会发展"十三五"规划,纳入文明县(市、区)、文明村镇、文化先进县(市、区)、文化强镇、文化示范村创建等相关评价体系,作为新农村建设和美丽乡村建设考核的重要内容。2013 年省财政安排 6000 万元,2014 年、2015 年每年安排 8000万元,2016 年安排 1 亿元,通过奖励补助的形式,对农村文化礼堂建设进行扶持。发挥县(市、区)和乡镇(街道)主导作用,将符合公共财政支出范围的农村发展专项资金向农村文化礼堂建设倾斜。省国土资源厅制订出台《关于农村文化礼堂建设用地保障的若干意见》。省农办(浙江省农业和农村工作领导小组办公室)把农村文化礼堂建设作为社会主义新农村建设考核和美丽乡村创建先进县评价的重要内容。省建设厅组织制订浙江省农村文化礼堂建设指导标准,举办了农村文化礼堂建筑设计大赛,推出一批优秀方案供各地选择。省新闻出版广电局扎实推进广播室、农家书屋建设，提升服务功能。省文物局加强农村文化礼堂建设村历史文化遗存、文物的挖掘保护。推动各地加强安全监管，排查消除安全隐患。同时，发挥县和乡镇主导作用，突出各行政村的建设主体地位，做到"文化礼堂农民建，建好礼堂为农民"。

二、绩效评价

丰富了农民群众精神文化生活。基层普遍反映，自从建了农村文化礼堂后，农村赌博打架的少了，办"红白喜事"可以不出村了，农民自娱自乐有场所了。通过运用农村文化礼堂广泛开展党的路线方针政策和上级重大会议精神的宣讲，深化"中国梦"的宣传教育，丰富和充实了农民群众的精神世界。通过组织举办各类培训，提高了村民素质。农民群众在农村文化礼堂里找到了自己的情感寄托和精神归宿。

弘扬了乡风文明。通过组织开展"最美浙江人""道德模范""好邻里""好媳妇、好婆婆"等评选和乡风评议等活动，在"展示展览"中设立"道德榜""寿星榜"等，营造了学习先进的良好氛围。同时，通过举行经常性的道德宣讲活动，充分宣传发生在村民身边的先进事迹，让身边的人和事教育群众，弘扬了社会文明风尚，促进了农村和谐。如庆元县、仙居县等地推动各村文化礼堂成立慈善基金和义工服务组织，定期开展慈孝讲堂、为老人集体过生日、评比慈孝之星等各类活动。

增强了村民归属感。通过整理展示村庄历史沿革、姓氏迁徙，挖掘展示村庄健康向上的历史传说、先贤故事和红色传统，展示不同历史时期村庄的变化和重大活动，展示村庄各姓氏积极健康的家训、族训、家谱、族谱，以及与村庄有关的诗文等，形成了属于这个村子、这些村民的独特的集体记忆。通过广泛开展"我们的传统""我们的节日""我们的村晚""我们的村歌"等主题活动，有效提升了村民对农村文化礼堂的认同度，使村民感受到了一种"家"的味道。如永嘉、江山等地结合历史文化村落保护，加强古民居、旧祠堂的科学改造和合理利用，推进农村文化礼堂建设。

弘扬了优秀传统文化。农村文化礼堂建设的一个亮点就是把礼仪活动作为其中一个重要内容，以"堂"为"形"，以"礼"为"魂"，当前全省农村知礼仪、重礼节的氛围日益浓厚。结合重要时间节点,广泛开展开蒙礼、成人礼、敬老礼、新婚礼、新兵入伍壮行礼、村干部集体就职礼等礼仪活动,使传统礼仪在与现代文明的交融中不断继承创新、发扬光大。同时,通过建设民俗陈列馆,开展"美丽'非遗'进礼堂",组织各类民俗文化活动,很好地展示了"非遗"的多彩和魅力。通过农村文化礼堂建设,弘扬了优秀传统文化,保护了一批历史文化建筑,挖掘了一批乡土文化人才。

夯实了党的执政基础。乡村干部通过农村文化礼堂建设和活动,不仅"走近"群众,而且"走进"了群众,提高了治理能力。通过广泛开展宣讲服务、教育培训和各项寓教于乐的活动,积极普及科学知识、传播精神文明、塑造美好心灵、弘扬社会正气,使文化礼堂成为新时期的农村思想文化阵地。通过发挥农村文化礼堂的教育教化功能,培育好家风、好村风,制订村规民约,创新了乡村治理模式,促进了农村社会和谐稳定,进一步夯实了党的执政基础。如温州、台州、丽水等地通过大力推进农村文化礼堂建设,吸引群众参与各项思想教育和文体活动,一定程度上抵消了非法宗教、宗族势力的蔓延。

《今日聚焦》创新建设性舆论监督

浙江广播电视集团

　　自 2014 年 3 月 20 日起,浙江广播电视集团(以下称浙江广电集团)在浙江卫视晚间黄金时段,开办舆论监督类新闻栏目《今日聚焦》。该栏目紧紧围绕省委、省政府中心工作,以"政府关注、群众关心、近期可整改"为原则,采用记者现场调查方式,持续曝光各地在"五水共治""三改一拆"等方面存在的突出问题,用新闻的力量推动进步,在全省上下汇聚起抓落实、促发展的正能量,赢得了各级干部的充分肯定、基层群众的广泛赞誉。

一、实施背景

　　浙江省委、省政府着眼于推进新一轮改革发展,再创发展新优势,建设美丽浙江、创造美好生活,先后作出"三改一拆""五水共治"等重大决策部署。在实施过程中,各地不同程度地存在为难情绪,出现了"老、大、难、假"等问题。"老"就是违法建筑沿袭时间长,几任班子都没有解决,现任班子不敢过问的问题;"大"就是污染涉及面广,需要多部门联合执法,实际工作中推诿扯皮的问题;"难"就是涉及强势部门或个人,工作推进阻力大、怕得罪人的问题;"假"就是偷梁换柱、弄虚作假,绕开职能部门审批和监管的问题。

　　为倒逼全省治水拆违工作的深入推进,省委主要领导要求浙江广电集团开办舆论监督类栏目,选取典型案例和突出问题进行公开曝光,督促各地及时抓好问题整改落实。2014 年 2 月初,浙江广电集团以浙江卫视为班底,整合各广播电视频道采编力量,组建了 30 个采访小组跟随省委、省政府督查组分赴各地开展首轮督查工作。

　　浙江广电集团把办好《今日聚焦》栏目列入年度新闻宣传工作首要任务,集团党委、编委主要领导亲自挂帅,成立工作领导小组,严格落实"三级四审"制度;加强栏目的组织策划、选题落实、安全播出等工作,在人、财、物等各方面给予特殊政策支持;浙江卫视投资新购置了一大批高清摄像机和航拍设备,全力打造"浙江版《焦点访谈》"。

二、主要做法

（一）坚持多部门联动,上下同欲抓落实

在省委督查室牵头协调下,《今日聚焦》栏目联合省"三改一拆"办公室、省"五水共治"办公室及省环境保护厅、省国土资源厅、省住房和城乡建设厅等省直相关单位,共同构建起监督、整改、反馈"三位一体"的工作协调机制,即栏目组记者独立调查、涉事地第一时间研究整改措施、省直职能部门推进落实、省委督查室全程跟踪、整改结果及时反馈,做到快速反应、实地核查、逐项落实,确保曝光问题得到及时全面整改。自 2014 年 3 月 20 日开播至 2017 年 4 月,《今日聚焦》共播出 650 期节目,公开曝光各类违法建筑 376 处,违法排污行为和环境污染问题 266 个,其他突出问题 8 个,整改完成率达到 96.2%,基本实现了"篇篇有反馈、件件有落实"。

（二）突出问题导向,监督作用明显

开播以来,《今日聚焦》严格控制成就性主题报道,当好"侦察兵",紧盯治水、拆违、环境治理方面存在的问题,保持高强度、持续性曝光节奏,既为基层抓落实、促转型营造良好的舆论氛围,也为省委、省政府科学决策提供参考。目前,《今日聚焦》监督问题的报道占播出总数的 99%,已完成对全省所有县（市、区）三轮以上监督全覆盖。

经《今日聚焦》监督后,各地在抓整改过程中,共依法拆除违法建筑约 340 万平方米,整治涉及 20 户以上的"低、小、散"区块 30 个,经营户达 4136 户,治理河道"江、流、溪"127 条,实施截污纳管工程 29 个、污水处理厂提标改造工程 6 个。仅 2016 年,省领导对《今日聚焦》曝光问题作出整改批示 143 次,监督作用进一步得到显现。省委督查工作专报认为,《今日聚焦》已成为新闻舆论监督和推动决策落实的重要品牌,成为省委"天天督查抓落实"的重要抓手。

三、创新绩效

（一）促进部门依法行政、干部担当有为

据有关部门分析，《今日聚焦》曝光的 35.1% 违建问题背后有部门监管不力，处置不及时、不到位的因素，10.3% 的排污问题有环境意识淡薄、监管缺失的原因。据省委督查室统计，《今日聚焦》自开办三年来共问责企业问题 55 个，140 名涉及违法犯罪的企业主及相关当事人被行政拘留、刑事拘留、判刑；追责干部问题 47 个，220 名干部因行政不作为、乱作为、履职不力等行为受到撤职、降级、严重警告、警告等处分。

通过主流媒体对典型案例集中曝光，并采用通报警示、责任追究等方式，倒逼重大决策部署在基层有效落实，对强化各地党委政府依法行政、履行主体责任，促进部门及干部勇于使命担当，起到了其他工作措施难以替代的作用。《今日聚焦》开播后，各地党委政府高度重视，把及时收看作为党员干部每天的"必修课"，把曝光案例作为查找短板、改进作风的"活教材"，要求举一反三，有效解决共性问题。有的基层干部说，《今日聚焦》不留情面、直达痛点地曝光问题，虽然我们压力很大，但是很受教育和鞭策，进一步增强了主动性和责任感。

（二）探索出建设性舆论监督新模式

围绕中心工作展开舆论监督，不是刻意曝光，更不是恶意炒作。栏目组在组织日常报道时，要求记者在采编过程中做到"三个不能"：不能先入为主、不能感情用事、不能牵强附会；做到"三个关键"：关键内容要核准、关键画面不遗漏、关键人物要采访。栏目组专门建立采访档案制度，对职能部门提供的行政处罚决定书、环境监测报告等重要材料，进行集中保管分类留档，利于事实核对和表述准确，做到播发出去的内容都是有理有据、铁板钉钉，经得起被监督对象的质问和时间的考验。

《今日聚焦》坚持正确舆论导向，通过记者调查揭露假丑恶，正面宣传法律法规，维护社会公平正义，赢得了领导干部充分肯定、基层干部积极点赞的好口碑。2014 年 4 月，中央党的群众路线教育实践活动领导小组专门发简报，充分肯定浙江省委充分发挥舆论监督作用，开办《今日聚焦》栏目，敞开大门、紧盯"四风"，督促广大党员干部深究细查、即知即改，确保教育实践活动取得实效的做法。《今日聚焦》栏目荣获"2015 年度全国广播电视创新创优节目奖",成为当年获奖的唯一一档新闻监督类电视栏目。2016 年初,夏宝龙书记专门批示:《今日聚焦》是一个很有特色、很有影响也很有"辣味"的栏目。你们是我观察基层工作落实情况的又一双"眼睛"。

(三)"聚焦模式"成功输向省外

把舆论监督栏目打造成为品牌栏目,不仅要保持定力、持续发力,还要注重融合发展,形成规模优势。该栏目从创办伊始,就确立了六项工作原则。

1. 选题原则:着重于选择近期能够解决的热点话题,做到有的放矢。

2. 真实性原则:坚持"用事实说话",确保相关事实准确、客观、充分,经得起被监督对象的质问。

3. 监督原则:必须是"建设性"的,目的是为了促进工作、解决问题,报道呈现上必须是理性的,避免情绪化表达。

4. 评论原则:坚持"一事一报""对事不对人",评论内容在保持深度、锐度的同时,不能延伸发挥,扩大批评面。

5. 时宜性原则:以事实本身发生发展为主导来决定播出时间。

6. 反馈原则:坚持"监督必有反馈",注重报道效果和栏目权威性。

据华数万人样本户收视数据显示,《今日聚焦》收视率列浙江广电集团所有新闻栏目前茅。在《今日聚焦》引领下,目前省内开办近 70 档监督类电视新闻栏目,形成了建设性舆论监督的强大声势和规模效应。其运作模式已为山东、河北、江苏、陕西、湖北等省多家电视台借鉴,出现了全国少见的"聚焦现象"。

平安建设"两网融合"

浙江省社会治安综合治理委员会办公室

现代信息技术的迅速发展,正深刻改变着人类社会生活,也给社会治理工作带来了新的机遇和挑战。当前,浙江省正处在创新驱动发展、经济转型升级的关键阶段,社会治理中面临大量新情况、新问题、新挑战。近年来,各地各部门大力推进"基层社会管理综合信息系统"和"网格化管理、组团式服务"两网融合,使基层社会管理更为精细、服务群众更为直接,在深化平安建设、促进社会和谐稳定中发挥了积极作用。但是,一些地方和部门领导干部思想认识不够到位,对从传统手段到信息化手段的转变缺乏深刻理解;信息化建设布局缺乏全局考虑和总体设计,"各自为战"的现象仍比较突出;"信息孤岛""数字鸿沟"大量存在,影响着更大范围内的互联互通。省委作出《全面加强基层党组织和基层政权建设》的决定,省委办公厅、省政府办公厅出台《关于创新基层社会治理的若干意见》,要求坚持和发展"枫桥经验",以法治为保障,以信息技术为支撑,以改革创新为动力,以深化"两网融合"为抓手,加强基层基础建设,创新管理服务机制,加快构建网上网下整体作战的工作体系,努力把信息化建设成果转化为深化平安建设的核心战斗力。

一、主要做法

近年来,省综治办(浙江省社会治安综合治理委员会办公室)围绕推进浙江省社会治理体系和治理能力现代化的目标,坚持系统治理、依法治理、综合治理、源头治理,深入推进省平安建设信息系统与"网格化管理、组团式服务"两网融合(以下简称"两网融合"),建立健全基层社会治理事件网上网下联动作战工作运行新体系,积极构筑"互联网+社会治理"新模式,打造"枫桥经验"升级版。

（一）建立全省"一张网"，延伸前端信息采集触角

省综治办会同省委组织部、省公安厅、省民政厅、省财政厅等 15 部门联合下发《关于推进全省基层社会治理"一张网"建设的通知》，推进基层"七网八网"并成全省统一的基层社会治理"一张网"。推进基层各类协辅人员的整合，因地制宜发展专职网格员队伍，采集各类矛盾纠纷、问题隐患、民生诉求。全省共划分为 10.9 万个网格，落实专兼职网格员 23.4 万人，汇聚各职能部门在基层的人员、资源、经费、职能，形成一批人员发现问题、一个口子上报信息、一个网络处理事件的集约管理模式。

（二）搭建县乡两级综合指挥平台，做实线下统一调度机构

省综治办出台《关于加强县乡两级社会治理综合指挥平台建设的指导意见》，各地各部门加强统筹协调，明确职责任务，健全联动机制，坚持科技支撑，做到实战实效，在县综治办或已有综合平台建立县（市、区）社会治理综合指挥中心，在乡镇（街道）社会服务管理中心建立社会治理综合指挥室。分别与综治视联网、公共视频监控以及政务投诉举报、应急联动、便民服务等平台对接，依托浙江省平安建设信息系统，受理、流转、交办、督办、反馈乡镇（街道）社会治理综合指挥室上报事项和其他渠道报送的信息，实现一网联动，扁平指挥。目前，全省县乡两级综合指挥平台共处理网格员上报事项和社会公众"爆料"716 余万件，95％以上的事项在乡镇（街道）以下解决，较好地发挥了"协调室""指挥部""研判室"等作用。

（三）构筑数据共享交换平台，加强社会治理形势研判分析

以省平安建设信息系统为骨干平台，利用云计算技术、移动互联网等新兴技术，以浙江省平安建设信息系统为骨干平台，建立社会治理数据共享交换平台。省综治办会同省教育厅、省公安厅、省民政厅等 11 部门出台《浙江省社会治理信息资源共享目录（一）》，汇聚社会治理最主要的 12 个省直部门 85 类数据，通过建立数据关联碰撞，加强信息分析研判，深化结果深度应用，为创新社会治理决策提供依据。推进社会治理数据中心建设，围绕人、地、事、物、情、组织等基本要素，打破部门行业信息壁垒，加强信息系统整合对接、信息资源联通共享，为社会治理数据分析研判和业务协同应用提供支撑。推进社会治理业务协同平台建设，统一处理来自互联网公众、基层网格员等各个渠道的各类服务请求，纵向连通各级政

府、横向联合各职能部门,对接职能部门业务系统,实现矛盾纠纷、安全隐患、民生服务、便民服务等群众诉求的协同处理、联动办公。

(四)拓展公众参与渠道,激发民主参与社会共治新活力

注重把综治专网、政务外网、互联网沟通对接,利用平安网群、政务服务网以及社区服务网等网站,广泛设立微信公众号、微信群、QQ群、政务微博、论坛等互动平台,打通社会公众参与社会治理的信息渠道,形成内外网之间可摆渡可交换的社会参与机制。开发推广平安浙江APP,注册使用用户达400万,在G20(20国集团)杭州峰会期间,组织平安志愿者230万人参加网格化管理,报送各类矛盾纠纷、问题隐患等信息4.5万条。建立信息送报"以奖代补"制度,以微信红包、电话充值、积分兑换等形式,激发群众发现问题、报送信息,近两年以来全省共投入1.5亿余元。

二、创新绩效

一是社会治理统筹能力进一步增强。各地党政领导、综治牵头、部门协调、社会参与、科技支撑的综治工作格局进一步完善,网上网下事件处置联动体系进一步健全,发现问题、采集信息、流转交办、协调处置能力进一步提升。二是基层社会治理资源进一步整合。基层社会治理全省"一张网"汇聚各职能部门在基层的人员、资源、经费、职能,形成一批人员发现问题、一个口子上报信息、一个网络处理事件的集约管理模式。各地县乡两级社会治理综合指挥平台与全省1640余个综治视联网用户、184万个公共视频监控以及政务投诉举报、应急联动、便民服务等平台对接,实现一网联动,扁平指挥。三是社会治理大数据应用进一步深化。省平安建设信息系统汇聚对人、地、事、物、组织等基础信息4204万条,社会治理协调平台(一期)汇聚社会治理最主要的12个部门数据85类,各地党委政府部门通过海量数据,建立数据关联,加强对信息数据的分析研判、深化应用,为创新社会治理决策提供依据。四是服务基层群众水平进一步提升。建成了覆盖省、市、县(市、区)、乡镇(街道)、村(社区)、网格的六级工作网络,通过90个县(市、区)社会治理综合指挥中心、1400多个乡镇(街道)社会治理综合指挥室、10.9万个网格、23.4万个网格员,实现信息全方位采集、事件全流程督办、民生精细化服务。

三、创新启示

坚持党政领导是根本。把"两网融合"工作纳入各级党委政府平安综治工作总体布局,综治中心、社会服务管理中心、社会治理综合指挥平台等定位为党委政府服务人民群众、推进社会治理的综合性工作平台,发挥党委政府总揽全局优势,顶层设计整体建设思路,统筹谋划长远发展路径,加强经费设施保障,推动工作责任落实。

坚持改革创新是关键。把"两网融合"列入省委社会体制改革项目,并纳入省委全面深化改革重点项目,通过专项督察,破除"两网融合"工作体制机制障碍,着力破解基层工作"条块分割"、信息系统重复建设和"信息孤岛""数据壁垒"等难点问题,推进社会治理流程变革,改善和优化基层社会治理形态。

坚持部门协同是保障。充分发挥综治部门组织协调职能优势和平安综治工作考核引领作用,推进工作合力进一步形成。各级职能部门积极参与全省基层社会治理"一张网"、社会治理综合指挥平台、社会治理共享交换平台建设,不断健全事件流转处置工作机制,有效确保矛盾联调、治安联防、问题联治、事件联处、平安联创等为主要内容的部门联动工作体系完善。

坚持社会参与是基础。组织发动专兼职巡防队员、保安、"和谐促进员"、平安志愿者、小区物业人员和民兵、预备役人员等社会力量积极参加"网格化管理、组团式服务",为全面发现问题、排查隐患、化解矛盾、服务群众提供有生力量,打下坚实基础。开发推广平安浙江APP,为群众爆料提供便捷工具,让450万用户人人都成网格员、人人都成信息员,成为党委和政府延伸到社会每个角落的发现矛盾、问题、诉求的触角。

二、第四届浙江省公共管理
创新案例十佳创新奖

农村垃圾分类治理

中共金华市委、金华市人民政府

近些年来,随着农村城镇化进程的快速推进,垃圾围村围城现象日益突出,农村垃圾污染治理成为各地政府亟待破解的难题。2014 年以来,金华市从本地实际出发,坚持先试点后推开,不断探索创新,全面推行农村生活垃圾分类减量处理,产生了显著的生态、经济等多方面的综合效益,深受广大农民群众的欢迎,走出了一条符合金华实际的农村垃圾污染治理新路子。到 2016 年年底,全市已有 145 个乡镇和 4369 个行政村开展垃圾分类减量工作,覆盖率分别达 100％和 98.1％。

一、实施背景

2004 年前后,金华与浙江各地一样,在新农村建设中建立了"户集、村收、乡转运、县处理"的农村垃圾污染治理模式,解决了农村垃圾的出路问题。然而,随着农民生活消费水平的提高、农业生产方式的改变,一方面,农村生活垃圾产生量越来越大;另一方面,农家肥使用的减少致使垃圾转运量不断增多,原有体制的不适应性日益凸显,带来一系列亟待解决的问题。一是现有垃圾填埋场使用寿命急剧缩短,新建填埋场困难重重。以金华市区为例,年清运垃圾约 36 万吨,并以每年 15％的速度增长,据此估算,现有垃圾填埋场的剩余寿命不到 6 年。随着农民环保生态意识的增强,新建垃圾填埋场选址越来越难,成本也越来越高。二是金华地处浙中盆地,大气流通扩散不利,加之垃圾焚烧易带来二次污染,采用垃圾焚烧解决垃圾出路也非最优选择。三是垃圾处理成本日益提高,财政负担越来越重。随着垃圾量的逐年迅速增加,运输和处理成本也逐年快速攀升,政府支出压力日益增大。同时,大量垃圾在运输中极易跑、冒、滴、漏,二次污染风险不小。

上述问题,都对金华市变革农村垃圾处理模式提出了迫切的要求,而2013年末浙江启动的"五水共治",则进一步增强了金华市变革农村垃圾处理模式的危机感和紧迫感。在"五水共治"消灭垃圾河的战役中,金华共清理出水域垃圾50多万吨。"垃圾河"现象在河里,根子在岸上,源头在农户,只有实现水岸同治、标本兼治、长效管护,才能确保"垃圾河"不反弹。消灭"垃圾河"行动,更加坚定了金华市委、市政府变革农村垃圾处理模式的决心。

改革的认识统一了,决心也下了,接下来就是怎么改的问题。参照国内外经验,开展垃圾分类减量,无疑是解决农村垃圾问题的有效途径。如果金华市区农村全面推行垃圾分类减量处理,每年可减少垃圾17万吨,现有垃圾填埋场可再运行11年。这既开辟了垃圾新出路,又能有效防止"垃圾河"回潮、反弹,一举多得。然而,垃圾分类减量的国外成功经验,都来自城市;国内则不管在农村和城市,都没有大面积成功的经验,因此,要在金华农村全面推行垃圾分类减量,必须立足金华实际,大胆探索,勇于创新。于是,2014年5月,金华在市区3个有代表性的乡镇展开垃圾分类试点,经过近一年时间的实践、探索、创新,取得了圆满成功,得到了社会各界的充分肯定。在总结试点成功经验的基础上,2015年4月,金华市委、市政府召开动员大会、下发文件,在全市农村全面推行垃圾分类工作,明确提出两年内实现全市农村全覆盖的目标。

二、主要做法

金华农村垃圾分类减量工作的基本做法,主要可归纳为"一、二、三、四、五、六"六条,具体如下:

建立一个终端:对于分拣出的可腐烂(有机)垃圾,金华农村主导采用太阳能辅助堆肥房(以下简称阳光堆肥房)这一终端设施进行处理,各村普遍单独或与邻村联建阳光堆肥房,至今全市已建成阳光堆肥房1853座,为可腐烂垃圾提供去处;另外,在城镇等居民集中区建立微生物发酵器64座,用于周边村居分拣出的可腐烂垃圾的快速处理。

推行二次四分:首先由农户按能否腐烂为标准对垃圾进行一次分类,分成"会烂"和"不会烂"两类;村保洁员(分拣员)在分类收集各户垃圾的基础上,进行二次分类,一方面,纠正农户分类中的错误,另一方面,对不会烂垃圾以可否回收为标准分为"好卖"与"不好卖"两类。会烂垃圾就地进入阳光堆肥房,好卖垃圾就地由可再生资源公司回收,不好卖垃圾按原模式经乡镇转运后由县(市、区)统一处理。这种分类方法易学易用、易记易分,很接地气,适合农民特点,切合农村实际。

主抓三支队伍:一抓农村妇女培训,充分发挥其在农村生活垃圾分类工作中的主力军作用,保证源头分类效果;二抓村保洁员(分拣员)队伍的建立与规范,充分调动其工作积极性和责任心,保障二次分类效果,实现长效管理;三抓再生资源回收队伍建设,确定统一回收再生资源公司,明确职责,对分检出的可回收物品,进行"上门、定时、兜底"回收,探索解决市场上不予回收的废旧塑料等的出路问题,实现垃圾减量和资源利用的最大化。

坚持"四可"原则:按照"农户可接受、财力可承受、面上可推广、长期可持续"原则,对垃圾分类减量工作的整体方案进行系统设计,如可腐烂垃圾处理方式的选择、垃圾分类方法的确定、各项长效管理制度的制定、推进举措的实施,都严格贯彻"四可"原则。从实际运行情况看,也产生了"四可"的效果:垃圾分类没有触及农民利益、没有增加农民负担,只是行为习惯的改变,农民可接受;垃圾分类政府投入并不大,财力可承受;垃圾分类方法简便,做法和体制适应农村特点,可复制性强,面上可推广;垃圾分类符合老百姓利益,随着一整套长效管理制度的施行,长期可持续。

实行五级联动:在推进垃圾分类减量工作中,金华市高度重视统一全市上下的思想认识,广泛开展宣传发动,积极动员全民参与,力求做到市、县、乡、村、户五级联动,上下合力,全域推进,促进了垃圾分类减量的快速广泛推行。

实施六项制度:针对垃圾分类需改变农民的行为习惯、只有持久才能有效的特点,金华各级普遍注重相关制度的制定和实施,从制度上保障垃圾分类工作的长效运行。主要有六项制度:县级两项,垃圾分类工作分级考核制度、可再生资源回收制度;乡级一项,保洁员(分拣员)评优制度;村级三项,卫生费收缴制度、环境卫生荣辱榜制度、党员干部网格化管理制度。这些制度的施行,调动了各方积极性,促进了全民参与。

三、主要特点

与国内外其他地方相比,金华农村垃圾分类减量工作在近两年的实践中,形成了以下七方面的主要特点:

适宜的处理方法。垃圾分类后,会腐烂的有机垃圾的处理方法大致有三种:一种是垃圾发酵机处理,一种是太阳能辅助堆肥处理,还有一种是传统的天然有机堆肥处理。国内外推行垃圾分类减量的地方几乎都选用效率更高但成本也更高的发酵机处理方法,而金华经过认真细致的综合比较,以"四可"原则为指导,从本地实际出发,主要选用太阳能辅助堆肥处理方法,并且针对试点中出现的发酵过程有臭味、发酵时间较长等问题,使用浙江大学专利技术对传统发酵处理工艺进行科学改进,引入微生物菌剂,配套通风和保湿回淋系统,堆肥时间从原先的半年缩短至 2 个月,并有效去除了苍蝇、臭味等对环境的影响,使这一处理方法更加完善。发酵机处理和太阳能辅助堆肥处理两种方法,虽然初始投资差不多,但在日常运行中,后者具有诸多优势,更切合金华农村实际。首先,在居住相对分散、用地相对宽松的农村,发酵机处理方法难以发挥其处理效率高、节约用地的优势;其次,为发挥处理效率高的优势,发酵机处理方法往往多村联建,一方面,处理过程时刻都要耗电,还要有人管理,需要大量的电费和人工费;另一方面,由于运输距离增大,增加了运输成本。据测算,发酵机每处理一吨垃圾,仅电费和人工成本就要 250 元左右。而太阳能辅助堆肥不需电费和人工;第三,机器使用寿命一般只有 10 年左右,而阳光堆肥房使用 40～50 年应该不成问题,运行更可靠,日常维护成本也更低。选用适合农村特点、低成本、可靠的垃圾处理方法,为金华农村垃圾分类减量、长效、可持续提供了重要条件。

简便的分类办法。垃圾分类是一项改变人们千百年以来的传统行为习惯、形成新习惯的工作,看似简单,实质上难度很大。因此,新习惯的要求哪怕稍微简单一点点,推行过程中的难度就可能小很多、效果就可能好很多。传统的垃圾分类方法都要求把垃圾分为可回收垃圾、厨余垃圾、有害垃圾、其他垃圾四类,这样的分类办法太过复杂,导致很多人不知道到底该怎么分,分类效果可想而知。金华针对农村常住人群现状和特点,在总结农民智慧的基础上,全面推广简便易行的二次四分法。农户只需以是否易腐烂为标准,把生活垃圾分成"会烂"和"不会烂"两类,操作简便,易学易做。据金东区抽样调查,这一分类办法的群众知晓率和满意度分别达100%和99.3%。村保洁员(分拣员)只需在上门收集农户垃圾并纠正户分错误的同时,将不会烂垃圾,按可否回收分成"能卖"和"不能卖"两部分,"能卖"部分的收入归保洁员,以利于调动其做好二次分类的积极性。二次四分法在保证较好的分类减量效果的前提下,实现了分类的最简便,大大降低了垃圾分类推行的难度,利于农户分类习惯的养成,促进了垃圾分类的全面推行。

全域的试点推进。垃圾分类减量在我国农村不乏零星试点成功的案例,但大面积成功推行的案例几乎没有。金华从一开始就把目标定位为打造可持续、可推广、可复制的样本,不做"盆景"做"风景",从试点工作起,就以整乡整镇全域化开展的要求和决心来推进。根据人口规模、产业布局、地域远近、经济发达程度等因素,金华在市区选择了工业主导、农业主导、城郊接合部三个不同类型的乡镇。按照全覆盖、全区域、全方位的要求,试点乡镇所有行政村、企事业单位全面开展垃圾分类;其他县市也选择若干个乡镇进行整乡整镇试点。试点取得圆满成功后,金华市委、市政府下发文件,明确提出"到2016年底,全市农村生活垃圾分类减量化处理资源化利用实现全覆盖"的目标,并要求各县(市、区)以县域为单位因地制宜、统筹规划,按照全覆盖、全区域、全方位的要求,全域化推进。与零星建点相比,虽然全域推进难度更大,但也有其有利之处。首先,可整体规划、合理布局终端处理设施,根据村庄距离、服务人口等因素尽可能推广就近多村联建方式,提高设施利用效率,节约资金和土地资源。如金东区塘雅镇有一处8村联建的阳光堆肥房,基建支出仅61万元,用地仅需1亩。比单村独建可节省建设资金30%、节约土地资源70%左右。其次,有利于统一政策、统一规范、统一考核、全域发动、全民参与,使不愿改变传统行为习惯的地方和人员失去各种借口和理由。第三,由于实施的区域范围较大、情况较为复杂,对其他地方更具示范和推广价值。

系统的整体配套。农村垃圾分类减量化资源化利用,是一项系统工程,仅局限于分类、处理等几个环节,很难获得大面积的推广,更难以长期持续。金华在垃圾分类工作推进中,以"四可"原则为指导,把它作为一个循环利用体系进行系统设计和整体配套,围绕分类、收集、运输、处理、回收、利用等主要环节,逐一展开试点实践,针对发现的问题和不合理之处,及时进行总结改进,初步形成了运转顺畅、配套完善的农村垃圾分类减量体系。在源头分类端,总结形成了最简便、最接地气、最受农民欢迎的会烂、不会烂两分法;在收集端,建立了一支严格管理的保洁员队伍,每天上门收垃圾,日产日清;在运输端,各村配备分类运输车;在处理端,将现代生物技术应用于传统堆肥模式,并进行了垃圾粉碎技术试验;在回收端,以县为单位,确定再生资源公司对各村分拣出的可回收物品,实行定点、定时、兜底回收,实现最大化减量;在利用端,鼓励企业进入垃圾资源化利用产业,引导农业合作社、经营大户等积极应用堆肥产品,如永康市鼎昆有机肥厂利用分类垃圾替代牛粪生产有机肥,取得了良好效果,实现了资源的循环利用。

强力的行政推动。农村垃圾分类工作涉及千家万户,需要改变每个农民的行为习惯,不仅是牵涉面广、工作量大的攻坚战,更是需要长期持续、久久为功的持久战。因此,要全面推开此项工作,没有"一把手"的高度重视,没有强有力的行政推动,显然难以成功。金华在农村垃圾分类推进过程中,首先坚持采用"一把手"抓"一把手"的工作方法,解决领导重视问题。市委书记亲自进行全市动员部署,从市到县、到乡、到村,层层抓"一把手",统一思想认识,把对此项工作的重视程度迅速传递到基层、到千家万户。仅在试点过程中,市委分管副书记就先后与试点区区委书记沟通 10 多次。在工作推进中,各级"一把手"既"挂帅",又"出征",各县(市、区)书记多次召开现场推进会,乡村"一把手"更是进村入户,推动工作的落实。其次,市县两级都在"五水共治"办公室下设办事协调机构,负责谋划、统筹、协调、督查农村生活垃圾分类减量工作。搭乘"五水共治"这个"一把手"工程的顺风车,强力推进此项工作。再次,增加政府投入,保障农村垃圾分类工作所需的资金。明确由各级政府承担保障设施建设、垃圾转运和处理等费用,将农村垃圾分类工作所需资金列入各级财政预算,出台补助政策,确保垃圾分类减量工作的顺利推进。各地对农村垃圾分类减量给予奖励补助,基本上每个行政村能得到一次性补助 10 万～

15万元,用于建造阳光堆肥房。分类垃圾桶和垃圾车等配套设施购置及宣传经费等投入,则按在册人口人均20~60元标准,逐年予以补助。

长效的制度管理。垃圾分类减量,难点在于长期坚持。与之相对应,垃圾分类减量工作的成败,关键在于能否建立并持续运行一套常态化的管理制度。为此,金华针对垃圾分类减量工作的各个关键环节,建立施行了一整套保障此项工作长效运行的管理制度,主要包括:在行政推动层面,实施市对县、县对乡、乡对村的分级督查考评制度,市对县实行季查,结果列入五水共治考核;县对乡、乡对村实行月查,分别公布排名,全年成绩与垃圾分类减量资金补助直接挂钩、与联村干部及村主要领导奖金挂钩。层层抓督查考评的制度,有效地保障了各级党政领导对此项工作目标不松、力度不减,持之以恒;在源头分类主体——农户层面,开展村对农户垃圾分类评优,并建立"笑脸墙""红黄榜"公布结果,利用农村熟人社会的特点,发挥村民间互相监督和自我约束的作用,促进农户切实做好源头分类;在保洁员(分拣员)队伍建设层面,实行乡镇对各村分拣员的月度考评制度,每月评比奖励10%~20%的优秀分拣员,激发他们做好垃圾分类工作;在村党员干部层面,实行垃圾分类网格化管理制度,村两委班子成员划分责任片区,每名党员联系若干农户,层层落实责任,确保垃圾分类工作有人抓、有人管;在村规民约层面,健全农户"门前三包"制度,实施卫生费收缴制度,并把它们纳入乡规民约,聘请村里有威望的老人担任环境监督员和劝导员,在村庄保洁承包、缴费标准、经费使用等各个环节做到公开透明,利用传统习俗的力量促进垃圾分类减量工作;在再生资源回收层面,建立施行垃圾分类可利用物统一回收制度,以县为单位,对分拣出的可回收物实行定点、定时、兜底回收,实现垃圾减量和资源利用的最大化。

广泛的社会参与。垃圾分类是一个涉及全民习惯养成的大工程,必须多管齐下,充分调动社会各方力量的广泛参与。金华推进农村垃圾分类,在加大宣传发动力度、提高知晓度、扩大覆盖面、形成全民知晓、全民参与良好氛围的同时,十分注重发挥各类组织的助推作用。第一,通过实行农村党员联户、网格化管理制度,有效发挥了基层党组织和党员的先锋模范作用;第二,对于办在农村的各类工厂,明确由各级工会负责,在试点的基础上,组织开展阳光垃圾堆肥房的村企联建、企业职工生活垃圾分类等工作,确保农村垃圾分类的全覆盖;第三,通过组织开展"好姐妹宣讲团""垃圾分类、巾帼先行""携手垃圾分类、共创美丽家庭"等活动,各级妇联积极发动培训农村妇女,发挥她们在农村生活垃圾分类工作中的主力军作用;第四,共青团各级组织则通过广泛开展"让垃圾分开旅行""家园风景秀"等活动,动员青少年和社会志愿者积极参与农村垃圾分类;第五,教育部门在全市小学全面开展垃圾分类相关知识教育,从小培育环保意识,并通过开展"小手拉大手"等活动,促进农户实行垃圾分类。

四、绩效评价

农村人居环境大变样。实行农村垃圾分类后,金华农村全面建立了长效保洁制度,垃圾日产日清,垃圾不落地,堆放、转运、焚烧等环节造成的二次污染明显减少,农村边角都变得干净了,群众反映苍蝇、蚊子变少了,臭味没有了,改变了农村原先"一场大雨、一河垃圾"的现象,根治了农村垃圾河,农村整体环境得到很大改善。金东区澧浦镇琐园村因明清古建筑群远近闻名,实施垃圾分类前,环境脏乱嘈杂,实施垃圾分类后,村子如花园,洁净美丽。2015年7月,"海外名校走进金华古村落"活动在该村举办,来自14个国家24所高校的42名教授和学生参加了此次活动。活动启动当天,他们在室外搭建的场地就餐时只看到一只苍蝇,事后他们惊讶地告诉陪同的金华市领导,说走了中国那么多地方,今天终于让他们看到了干净整洁的新农村,他们把当地的古村落保护等情况以中英文视频向全世界做了推介,成了"民间外交"新品牌。

经济生态效益双丰收。农村实施垃圾分类后,政府清运成本下降。金华农村1吨垃圾的平均清运成本约为200元,焚烧、填埋处理成本分别为每吨110元和90元。如果全市全面实施垃圾分类,每年可减少垃圾66万吨以上(全市农村人口327万,每人日均产垃圾0.66公斤,减量按85%计),每年可减少清运和处理费用大约2亿元,节约的资金除用于农村生活垃圾分类当年的奖励补助支出外还有很多结余。现在的一次性投入完全可以在8~10年的结余中收回。从长远看,农村垃圾处理的政府支出不是增加了,而是减少了。垃圾减量后,还能延长垃圾填埋场的使用年限。以金华市区为例,全面推行垃圾分类后,每年农村需填埋垃圾的量可减少 17 万吨,现有垃圾填埋场使用年限可从 5.8 年延长到 11 年。

全市减量垃圾通过阳光堆肥房就地堆肥,可年产有机肥 11 万吨(按垃圾处理量的 20% 计),可节约购置等量化肥支出 1.32 亿元(化肥按 1200 元/吨计)。有机肥大量使用,可减少因化肥过度使用带来的土壤板结、土质酸化、环境污染,提升土地肥力;有利于提高农产品的产量和品质。金东区是典型的农业区,这几年苗木、蔬果种植面积和对肥料需求量都在逐年上升,但自从实行垃圾分类以来,许多可腐烂垃圾都实现了堆肥还田,减少了化肥使用量。从金东区澧浦镇农经站统计数据看,半年下来农户化肥购买量减少了 300 多吨。

乡村旅游得到发展。农村实施垃圾分类后,有力地推动了美丽乡村建设,带动了古村落观光、休闲农业、民宿经济、农家乐等乡村旅游业的快速发展。据统计,刚开始全面推行垃圾分类减量的 2015 年,金华市农家乐接待游客就达 1688.8 万人次,实现营业收入 10.82 亿元,分别比 2014 年增长 18.9% 和 24.08%;进入 2016 年以来,农家乐进一步加快发展,上半年金华市农家乐接待游客 976.7 万人次,营业收入 6.91 亿元,同比分别增长 24.5% 和 28.4%,推进了"绿水青山向金山银山"的转化。实行垃圾分类后,全市各地一大批村庄纷纷发展农家乐、民宿经济、古村落观光等,美丽环境给农民带来真正的实惠和富裕。

文明新风得到促进。一方面,垃圾分类的过程,实际上是农民良好卫生习惯的养成过程,也就是农民文明卫生素养的提升过程。同时,村庄干净了,苍蝇蚊子少了,房前屋后整洁了,农村环境卫生的变化,还倒逼着农民改变自身不良习惯。如村民随手乱扔垃圾现象几乎没有了,有的家庭主妇甚至就在分类垃圾桶边剥笋壳,边剥边分类。另一方面,垃圾分类的出发点更多的是公共利益,遵守的是公共秩序,因此,需要全民参与的垃圾分类的实施,普遍培养和锻炼了农民的公民意识。再一方面,农户门前"三包"、卫生费收缴等写入村规民约,洁净庭院、美丽家庭等评比活动的开展,笑脸墙、红黑榜等制度的实施,是村民自治自律的生动实践,促进了农民自我管理和民主监督素质的提升。

干部队伍得到锻炼。在垃圾分类工作过程中,镇村干部三天两头跑农户,苦口婆心开展宣传发动、督促检查,与农民谈心交心讲垃圾分类。镇村干部上门多了,与老百姓的距离近了,感情深了。通过抓垃圾分类工作,不仅使干部提高了做群众工作的本领,而且使干部的工作作风得到转变。如婺城区竹马乡向家源村党支部书记姜宝钗,在抓垃圾分类工作过程中,一次上门群众不理,二次上门群众骂她,三次上门群众打她,但她仍然坚持上门做工作。垃圾分类做好了以后,村子的环境变美了,得到了群众的点赞,她在群众中的威信大大提高了,干群关系也更融洽了。

处理模式得到肯定。金华的农村生活垃圾分类减量,分类办法简便易行,处理设施简易高效,政府投资可控,不增加农户负担,管理制度合理,运行维护规范,整套做法符合农民利益和要求,适合农村特点和实际,得到了农民群众的广泛认同。

农村电子商务"赶街模式"

遂昌县经济商务局

浙江赶街电子商务有限公司是全国最早做农村电商探索的机构,已历时 6 年,今天的"遂昌赶街模式"包含了浙江赶街(2014 年成立)以及遂昌县网店协会(2010 年成立)、浙江遂网电子商务有限公司(2010 年成立)的运作模式的综合提法。

公司以"让乡村更美好"为使命,致力于打造中国农村电子商务第一服务平台。2015 年 9 月 14 日,国务院召开"互联网+现代农业"发展情况工作会议,"遂昌赶街模式"以两者完美结合的代表身份作典型发言,得到时任国务院副总理汪洋同志的充分肯定,指出"这是很有市场和生命力的一种模式,希望'遂昌赶街模式'能够进一步做大做强,成为全国农村电商的一面旗帜"。

一、实施背景

随着移动网络的普及,城市居民已充分享受到互联网带来的巨大便利,但是由于农村居民老龄化,文化程度低,且物流、网络、交通基础设施落后,互联网红利并没有广泛惠及基层农村。

遂昌县捕捉到农村电商发展的空白,早在 2013 年就启动农村电子商务"赶街模式",即通过建设网络综合服务平台、区域运营中心、村级赶街网点,突破信息和物流瓶颈,把电子商务延伸到农村,承担起"消费品下乡"和"农产品进城"的主渠道作用,实现生产端和消费端的相互转换,让农村电商在城乡双向流通时变得更为顺畅。

作为农村电商的先行探路者,遂昌"赶街"越做越有新意,越探索内涵越丰富。特别是在 2014—2016 年中央连续三年发布的 1 号文件中,均明确提出发展农村电子商务。2015 年以来,国务院发布的直接关于促进农村电商发展的文件就有 4 个,基本指导思想都是深化农村流通体制改革,创新农村商业模式,培育和壮大农村电子商务市场主体。通过大众创业、万众创新,发挥市场机制的作用,加快农村电子商务发展,继而促进农村消费市场升级,推动农业发展方式转变、农村发展、农民增收,促进农民就业创业;同时提出农村电子商务是实现精准扶贫的重要载体,要把农村电子商务纳入扶贫开发工作体系。

党中央和国务院对农村电子商务高度重视,让"遂昌赶街模式"不断拓展服务农村的内容,全县共建成 1 个县级运营服务中心和 229 个村级电商服务站,实现行政村 100% 全覆盖。同时,"赶街"向全国输出,已在省内 15 个县(市、区)落地推广,共建成 15 个县级运营中心,村级服务站近 3000 个,并向四川、福建、山东、黑龙江等 13 个省(自治区)、35 个县(市、区)复制推广,建成超过 4100 个农村电子商务服务站,建成移动端服务站点 1000 多个,提供各类服务 120 万余次。全国的"赶街"站点,目前月均成交额已达 2600 万余元。

二、模式运营

"遂昌赶街模式"农村电商破局之道——首创"一中心+三体系"的县域电子商务发展模式,即县级电商服务中心,公共服务体系、农产品上行体系、消费品下行体系,解决县域发展中"理念意识落后、卖难、买难"问题。

(一)县域农村发展电商理念意识落后,建立公共服务体系来解决

一个地方需要发展农村电商,首先要解决该地各个群体的理念认知:地方政府官员,地方企业家,农民合作社负责人,青年人,创业者,以及社会服务机构,如物流快递业,移动、电信、银行业参与者等。只有让各行各业人士对互联网现状、应用、发展趋势,以及与他们事业的关联性有充分认知,才能形成良好发展生态。

遂昌农村电商规模化发展起源于 2010 年多个部门联合发起成立遂昌县网店协会。该协会是一家非营利性社会组织,专注农村电商培训,为政府、企业、创业青年,以及物流、通信、银行等相关服务业提供大量电商理念知识培训,并注重积累相关的经验与课件,解决企业发展新思路,解

决创业就业问题。

2015 年 3 月与浙江省人力资源与社会保障厅签署《促进农村电子商务创业就业战略合作协议》,大力发展农村电子商务创业就业。2016 年 6 月,成立遂昌赶街职业技能培训学校/遂昌县农村电子商务学院,搭建符合配送地电子商务产业发展的培训体系。目前已探索出一套针对县域农村电商人才培育的公共服务管理的模式,已形成相对成型的业务体系,面向全国各地服务。

(二)建立农产品上行体系,解决农产品销售难题

这几年,很多地区出现农产品滞销现象,农民投入的金钱、心血随之付诸东流,引发系列社会问题。传统农产品缺乏标准、包装简陋、缺乏商品化升级。在国内,农产品电商化,尤其是生鲜农产品,遂昌是先行者,多个成功案例被当成行业模范在圈内传播。农产品电子商务化,尤其是生鲜电商,关键在于供应链管理,解决了品控、标准、包装、仓储、保鲜、物流等问题,将大大降低农产品上行难度。

而对于供应链管理体系建设,以及商品化服务,一样需要专业的服务体系支撑。这并不是某个农民,或者某个供应商就能全面解决的。遂昌的做法是,由协会+公司运作,政府协同建设电商服务中心,统一解决供应链管理,统一商品化服务问题。而通过集中专业化服务模式,可以实现产、供、销分离,让各领域专注各自核心能力,降低各方面做事的门槛。在这方面,遂昌县的核心经验是:注重科学分工,让专业人干专业事,农民专注于生产,而培养大量年轻人专注营销。

(三)建立消费品下行体系,解决农村电商消费、物流、售后等问题

农村由于地理、交通、信息、基础网络、传统销售模式等条件限制,农民面临购物不便、价格高,甚至经常买到假冒伪劣商品等难题。"赶街模式"建立消费品下行体系,其核心是在行政村组建"赶街"村级服务站,通过金融支付、城乡物流、便民服务、售后等体系的配套完善从而实现"消费品下乡",为农民在农村提供互联网+购物、缴费、本地生活服务等,一站式解决互联网+的城乡一体化难题。

这当中开创了赶街的县、乡、村三级线下服务体系:培训村服务站站长,为村民提供电商(代买、代卖)服务,解决农村电商人员瓶颈;建立村级

服务站,让服务站负责物流中转、代收代发,解决物流最后一公里问题;在每个县设立县级运营中心,负责拓展、管理和服务村级服务站,为服务站站长培训、服务站建设支持、运营代购支持及物流体系建设等提供服务和配套。目前,赶街业务已在全国建设超过 4100 多个赶街村级电商服务站,并建设移动端服务站点 1000 多个。

赶街,核心致力于城市(县域)与农村之间重新连接,提升乡村生活品质,将现代连接交互方式应用于乡村的基础化改造,依托赶街独创的"天网系统"IT 信息架构、"地网交互设施"赶街村级服务站及双向物流体系,以及"人网体系"基于移动社会思维下大量的村站长、经纪人系统,以"天、地、人"三网互联互通,实现从农村电商到"智慧乡村"的全面连接。

三、绩效评价

遂昌赶街模式抓住了农村发展、农民需求的"痛点",成为丽水市农村"大众创业、万众创新"的新引擎,在推进农村繁荣、带动农民增收、促进农业增效、促进消费转型升级方面发挥重要作用。

完善了农村公共管理服务。遂昌山区地处偏远,农村人口居住极为分散,群众办事很不方便,通过"赶街"站点,把农村公共服务资源都集中到这个平台,使有限的公共资源得到最大化的利用,实现了"村民不出村,便能办成事""进一家门办百样事",有效弥补了政府和市场在农村公共服务中的不足。同时,"赶街"站点更是一个发布和采集信息的村村通渠道。通过这个渠道,政府可以将各种惠农政策、信息和法规,以最直接和最有效的方式传递到农民群体中去,推动政府"三农"工作有效落实。

带动了农村创业就业。随着电子商务"赶街"模式的快速发展,越来越多的有志青年投身于电子商务创业大潮,促进了专业合作社的发展壮大,真正实现了农民在家门口就能安居乐业的目标。目前,全县共有网商 2000 多家,网货供应商 300 多家,第三方服务商 40 多家,从业人员超过 8000 人。2015 年,赶街累计培训 1.7 万余人次,2016 年上半年培训 8000 余人次。赶街为返乡大学生、农村青年提供各项专题培训,帮助他们实现电商创业梦。

促进了农民增收致富。在移动互联网时代,农村电子商务让后发山区搭上信息化快车,直接面对大都市,解决了农产品销售难的问题,促进农民增收致富。2015年实现服务、农产品网络销售5.5亿元(含协会会员分销)。

唤醒农民对农村的热爱。生态农业与"赶街"平台的完美结合,让农民明白即使生活在农村,只要把握住机遇,通过"互联网+"发展原生态农业、乡村休闲旅游、生态服务业等,也能闯出新的天地,赶街平台加速农村、农民信息化流通发展。

推动了农村民生建设。"赶街"农村电商服务站让交通不便、信息落后、配套服务体系不健全的农村群众,享受到了购物、缴费、出行、娱乐等方面一站式服务,吸引了越来越多的外出青年返乡创业就业,有助于破解农村"空壳现象""空巢现象"。同时,电子商务的发展直接推动了政府加大对"三农"工作的投入力度,农村产业层次、基础设施、物流配送等进一步改善,城乡差距进一步缩小,对于促进城乡统筹发展、实现山区全面小康具有重大现实意义。

四、创新启示

互联网+,让乡村更美好。赶街,核心致力于城市(县域)与农村之间重新连接,提升乡村生活品质。打通城市和乡村的服务脉络,以服务农民为核心,链接政府、供应商、网商、服务商,通过上行、下行建设解决买难卖难,实现农村生活互联网化。

建设县域农村电商服务体系,需要遵循市场规律,政府、企业协同发挥作用。"赶街"的成功是一次伟大的"互联网+"创新实践。最初它的出现并非政府发起,而是市场资源优化配置的自发行为,并以星火燎原之势快速推进。重要的是,政府在发现其潜在价值后,既没有放任自流,也没有拔苗助长,而是坚持"引导不主导、扶持不干预",通过公共财政杠杆作用,推动政府购买社会服务,全面激发创业创新热情。同时为"赶街"提供政策等软环境的强大支撑,使其在发展过程中不断修正和提升自己的前进轨迹。"赶街"的启示在于,对待有积极意义的新生事物时,要正确厘清政府与市场的边界,其中市场能干的,要坚决放,市场缺位的,要全力补,让无形之手与有形之手协同发力,相得益彰,共同推动新生产业向前、向好发展。

完善信息渠道建设,大力促进万众创业。赶街通过建立县乡村三级电商服务体系,同时线上建设赶街网交易平台,并发展移动端站长经纪人,创建站长微信群,建立起有效的信息交流渠道。站长不仅可以实现高效沟通,还能通过培训,利用移动通信工具,实现买卖,增加收入,成为创业新方式。

跨境电商综试区改革

杭州市综试办、杭州市委办公厅

一、实施背景

在全球经济贸易格局深刻调整、我国经济发展进入新常态的背景下，杭州如何发挥"电子商务之都"优势，主动服务"一带一路"国家战略，开展跨境电子商务，建设线上线下融合发展的"网上丝绸之路"，推进杭州经济贸易转型发展，是摆在面前的一道现实难题。2015年3月7日，国务院印发《关于同意设立中国（杭州）跨境电子商务综合试验区的批复》（以下简称"综试区"）。这是国家交给杭州的一项重大改革任务，也为杭州自身发展提供了一次难得的历史机遇。

1. 承担国家使命。开展先行先试，为推动全国跨境电商健康发展，提供可复制、可推广的经验。

2. 促进外贸转型。发展"互联网＋外贸"新型业态，为稳增长、促转型提供新引擎、新路径。

3. 破解企业难题。加快制度创新、管理创新、服务创新，解决跨境电商企业的"通关难、退税难、结汇难"。

4. 引导大众创业。释放改革红利，激发社会活力，打造"大众创业、万众创新"的平台和高地。

二、实施过程

一是建立工作机构。杭州市委、市政府高度重视综试区建设，专门成立综试区建设领导小组，建立综试区管理办公室，组建课题研究和方案编制工作小组。二是开展调查研究。开展9个课题研究，召开座谈会40余次，走访部门、园区、企业100余家，广泛听取电商企业、电商平台、监管部门、专家学者等各方意见。三是做好方案申报。在课题成果基础上,编制申报《总体方案》和《实施方案》。四是制订政策意见。制订关、检、汇、税等部门政策意见 17 个,梳理第一批需要国家部委支持的创新清单和政策诉求,并落实实施 55 条。五是加快实践探索。推动线上单一窗口平台和线下综合园区平台建设,开展"做大做强跨境电商 B2B(企业对企业电子商务)专项行动",引导传统企业上线经营,招引重点电商平台来杭发展,集聚各类资源要素,打造跨境电商产业链和生态圈。

三、创新启示

综试区坚持监管和制度创新、服务贸易方式创新,始终把加快转变外贸发展方式作为综试区改革创新的出发点和落脚点。

1. 创新商业模式,探索发展"互联网+外贸"的跨境电商新型贸易方式。综试区探索发展跨境 B2C(企业对顾客电子商务)"小包出口""直邮进口""网购保税进口"三种模式,并在此基础上重点发展跨境 B2B"企业进出口业务",积极探索 M2B(生产商对经销商电子商务)、B2B2C(供应商对企业,企业对消费者电子商务)、O2O(从线上到线下)等新型业态,用"互联网+外贸",实现"优进优出",使跨境电商成为我国继一般贸易、加工贸易、市场采购、边境贸易之后又一新型贸易方式。从实际成效看,跨境电商作为新型外贸方式,直接带动传统制造企业、传统外贸企业上线经营,有利于减少中间环节、降低企业成本,有利于打造自主品牌、拓展海外市场,有效推动传统产业升级和外贸方式转变。

2. 创新生态模式,科学设计"六体系两平台"跨境电商综合改革方案。以信息为基础、以信用为核心、以技术为支撑,建立信息共享体系、金融服务体系、智能物流体系、电商信用体系、统计监测体系和风险防控体系,以及线上"单一窗口"平台和线下综合园区平台,实现跨境电商信息流、资金流、货物流"三流合一",建立以真实交易为基础的电商信用评价体系,对企业或商品实施分类分级监管,简化优化监管流程,并依托大数据的分析运用,提供金融、物流等供应链综合服务。综合改革方案注重顶层设计,建立产业生态,体现全局价值。

3. 创新监管模式,探索建立"关、税、汇、检"跨境电商新型监管制度。

制定落实两批次 85 条创新制度清单落实,实施便利化举措,推动跨境电子商务自由、便利、规范发展。比如在通关方面,按照"既要通得快,又能管得住"的监管原则,制订实施《中国(杭州)跨境电子商务综合试验区海关监管方案》,建立"清单核放、汇总申报、集中纳税、代扣代缴"新型通关监管模式。比如在检验检疫方面,制订实施《中国(杭州)跨境电子商务综合试验区检验检疫申报与放行业务流程管理规程》,建立检疫为主、风险可控的质量追溯机制,出境实施"前期备案、提前监管、后期跟踪、质量监控"监管模式,入境实施"提前申报备案、入区集中检疫、出区分批核销、质量安全追溯"监管模式。比如在外汇收结方面,探索建立跨境电商新型结(售)汇模式,允许第三方支付机构跨境电商货物贸易单笔金额上限由 1 万美元提升到 5 万美元,允许跨境电商开立个人外汇结算账户,不受 5 万美元个人结售汇年度额度限制。比如在退税方面,探索建立跨境电商税收管理便利化模式,对跨境电子商务零售出口货物实行一定条件下的"无票免税"政策,提升跨境电商企业出口退税管理类别,推行出口退税"无纸化管理"。比如在综合监管方面,建设"单一窗口"线上综合服务平台,搭建电子围网,初步建立"信息互换、监管互认、执法互助"综合监管模式,实现电商企业"一次申报、一次查验、一次放行"和"24 小时办结通关手续"。

四、绩效评价

经过各方共同努力,目前综试区建设取得了阶段性成果,体现了改革成效、发展成效和社会成效。

1. 创新发展领跑全国。两年多来,杭州综试区始终把创新作为核心任务,初步完成"六体系两平台"顶层设计,会同关、检、汇、税等监管部门推动两批共 85 条创新清单落地实施,制定出台全国首个跨境电商 B2B 认定标准,探索制定全国跨境电子商务统计试点工作实施方案,适应跨境电商 B2C 和 B2B 的监管服务体系初步形成。制定全国首个地方跨境电子商务促进条例,成立全国首个跨境电商商品质量安全风险国家监测中心,实行出口退税"无纸化管理",促进跨境电子商务自由、便利、规范发展。2016 年 1 月 6 日,国务院决定将先行试点的杭州综试区初步探索出的"六体系两平台"相关政策体系和管理制度向更大范围推广。

2. 产业发展实现突破。2016 年,杭州实现跨境电商进出口总额 81.12 亿美元,其中跨境电子商务出口 60.6 亿美元,拉动外贸出口 15.2 个百分点。2017 年 1—2 月,杭州实现跨境电子商务进出口 11.44 亿美元,其中,跨境电子商务出口 8.24 亿美元,同比增长 41.47%,占全市外贸出口的比重达到 13.63%。全市超过 6000 家企业上线经营,新招引跨境电商企业 519 家,其中龙头企业 111 家。亚马逊、eBay、Wish 等国际电商龙头都把杭州当作服务中国的首选城市。杭州综试区"单一窗口"综合服务平台注册备案企业达 6653 家;在外管局结汇备案的杭州企业家数增幅达 13%;国税办理出口退税额同比增长 8%,跨境电子商务已经成为杭州外贸出口增长的新动能、传统制造和外贸企业开展转型升级的"必选项"。

3. 综合服务不断优化。在全国率先推出跨境电子商务"单一窗口"综合服务平台,构建电子围网,初步实现数据的互联互通、共享共用,跨境电商企业出口申报时间缩短到平均 1 分钟。完成与阿里巴巴、敦煌网、大龙网、中国制造网等跨境电商 B2B 平台对接,并积极引入垂直电商平台。开设跨境电商在线金融专区,上线在线投保、资信评估和风险预警信息功能,实现企业与银行在线签约和收汇。探索"通关一体化",实现"杭州报关、全国通关"。与阿里巴巴共建信用保障资金池,为超过 4000 家杭州企业授信 8.5 亿美元,提升企业线上交易能力。与市场主体共同开发风险防控和智能物流产品。

4. 生态圈建设扎实推进。目前杭州综试区已有 13 个线下产业园,总规划面积达 323 万平方米,"一核一圈一带"综试区总体布局初步落实,跨境电商制造生产、平台营销、风险投资、金融信保、仓储物流、综合服务等产业链企业汇聚杭州。与平台企业、高校、第三方机构联合开展一系列跨境电商人才培育计划和行动,全力构建多层次的复合型人才队伍。编写《跨境电商指数》《杭州综试区 2015 年度白皮书》等十余篇理论报告,出版《跨境电商政府、企业指南》《六体系两平台创新与实践》等研究成果,构建引领全国跨境电商发展的理论体系。

5. 对外影响力不断扩大。截至 2017 年 4 月 19 日,"中国(杭州)跨境电子商务综合试验区"在百度搜索词条多达 324 万条。人民日报、新华社等主流媒体多次报道宣传杭州综试区建设进展情况和改革成果。杭州综试区及各监管部门全年接待全国各地考察团队达 300 多批次。综试区的改革创新举措也引起海外广泛关注。第二次世界互联网大会前夕,俄罗斯总理梅德韦杰夫在接受《人民日报》专访时称,互联网贸易是中俄最具前景的合作领域之一,俄方正认真研究杭州跨境电子商务综合试验区,希望借鉴中国在打造电子商务完整产业链、建立该领域法律基础和工作准则等方面的经验。

2016 年 12 月 21 日,杭州综试区举办了全球跨境电商峰会,得到了"一带一路"沿线国家、全国兄弟省份和综试区城市的积极响应和高度评价。与马来西亚、新加坡等国家和地区探索 eWTP 实现路径,并与欧盟、澳大利亚、意大利等国家和地区的监管部门及权威机构开展国际合作。商务部、人民银行、海关总署等国家有关部委在杭州召开全国会议,推广"杭州经验"。

企业金融风险处置创新

温州市人民政府金融工作办公室

2011 年以来,在宏观经济政策过激性调整和微观经济增长周期性回落双重影响下,温州民营经济结构性缺陷和民企融资结构比例失调两大不足暴露无遗,导致温州民企经营出现了阶段性问题。针对这一问题,温州市政府主动介入,通过一系列措施稳住了经济金融基本面,实现了不良贷款余额、不良贷款率"双降"。温州"两链"风险化解工作受到国务院副总理马凯批示肯定,僵尸企业司法处置工作分别受到全国政协副主席、中国人民银行行长周小川、最高人民法院院长周强等领导的批示肯定。一些做法和实践,在浙江省内和江苏、四川、内蒙古、山东、福建等地得到推广运用,国家和省市主流媒体多次进行正面报道。

一、主要做法

温州市政府按照"企业担一点、银行让一点、政府帮一点、司法快一点"的处置思路和工作方法,努力在保企业和保银行之间寻找平衡点,切实形成了企业金融风险和银行不良贷款处置工作合力,有序去除企业过高的信贷杠杆,大力推进僵尸企业市场出清。

(一)多方合力,专设机构统一协调

企业金融风险处置是一个系统工程,需要多个部门合作才能形成合力。温州市创新工作机制,由市金融办、市经信委等单位牵头,公安、法院、银监委、住建、税务、国土等 11 个部门配合抽调精干人员组成市企业金融风险处置办,下设综合协调组、银企协调组、司法协调组等工作小组,进一步强化政、银、企、法"四方联动"合力,协调破解企业资金链、担保链问题。同时在县(区)设立专门的处置办,市县(区)两级联动,共同化解两链风险。

（二）因企施策，分类处置企业风险

温州民营企业情况复杂，良莠不齐。为此，温州市县、两级成立实体化运作的"处置办"，牵头开展风险企业帮扶和协调处置工作，将风险企业划分为保护、帮扶、破产重整、逃废债务等4种，分别予以扶持、协调、处置与打击。在具体协调中，坚持"先清偿后代偿、先抵押后保证"两项原则，推动"还款计划与期限、担保责任与比例"两个协商，紧紧结合具体企业和银行的实际情况，做到"一企一行一策"，合理分担代偿压力，有序化解担保链风险，风险企业处置完成率达98%。对担保关系复杂、影响重大的重点风险企业，实施土地和产权分割出让，支持建设小微园、实施"退二进三"等方式盘活存量资产，让破产企业有产可破、担保企业有资可担，防止引发区域性、行业性金融风险。

（三）政府增信，引导银行注入流动性

我们坚持局部去杠杆与总体增加流动性相结合，市县两级政府设立了15亿元应急转贷资金，解决企业无钱转贷问题，截至2017年4月14日，累计发放1.43万笔贷款，金额1224亿元。探索建立政府增信机制，成立总额8.5亿元的小微企业信用保证基金，出资2000万元补助小额贷款保证保险。截至2017年一季度末，小微企业信用保证基金担保笔数677笔，承保金额12.07亿元。小额贷款保证保险担保10149笔，总保额24.34亿元。设立47家小微企业信贷专营机构，开展增信式、分段式、年审制循环贷款等还款方式创新，促进小微企业还款与续贷无缝对接。一季度末，本外币贷款余额8215亿元，比年初增加143亿元，同比增长5.69%。

（四）完善管理，防止企业继续过度举债

为化解过度授信、交叉授信，有效防范不良贷款新发，温州率全省之先试点"主办行"制度，出台了授信总额主办行管理办法，首推企业授信总额联合管理"358"条款等。规定"小微企业授信银行不超过3家，大中型企业不超过5家，集团企业不超过8家"。截至2016年年末，全市已纳入联合授信管理的企业19762户，合计授信金额5391.81亿元。

（五）综合处置，持续去除信贷泡沫

充分运用清收、核销、打包、上划等各种处置措施，2012年以来，温州已成功处置不良贷款 1665 亿元,且不良化解速度快于不良新增速度,不良存量持续下降。与此同时,温州担保链(圈)的规模明显下降,资金链风险趋缓。截至 2016 年年末,辖内给 3 个及以上企业提供担保、同时有被 3 个及以上企业担保的企业数 245 个,较 2012 年末减少 971 个。

(六)司法提效,推进僵尸企业市场出清

建立府院联席会议制度,协调解决法院在审理破产案件中所遇到的问题,就企业在司法破产中涉及税收、信用修复、刑民交叉和企业参与招投标等当前法律和规章中尚不明确的问题达成了 19 条一致意见。市中院专设金融审判庭、破产审判庭,试点推进简易破产程序,明确一般破产案件六个月内审结,无产可破案件在三个月内审结。创新"活查封"机制,为涉诉资产被查封的企业开启"临时启封"。市县两级设立 895 万元破产援助专项资金,保障破产案件管理人的报酬。强调企业逆向淘汰,对主业健康、产能先进的企业,尽量适用破产重整和破产和解,让企业获得重生机会。2012 年以来,全市法院共受理破产案件 1041 件,结案 688 件,分别占全省的 42.17% 和 50.48%。确认破产债权 264.79 亿元,盘活资产 17.46 亿元,盘活土地 2295.46 亩,盘活厂房面积 132.78 万平方米,化解不良贷款 119.13 亿元。

(七)多方共建,积极重塑社会诚信体系

深入开展"构建诚信、惩戒失信"专项行动,初步形成有效震慑。共约谈涉嫌逃废债企业及个人 411 个,曝光失信对象 3600 例,打击各类逃废债犯罪 1046 起。创新推出风险企业资产变更信息共享机制,将 278 条风险企业及个人信息纳入联动监测与信息共享,防止出险企业恶意转移资产。推进民间、政府、金融、法院 4 大信息系统共享互动,完善温州民间借贷登记备案和查询服务,诚信温州建设取得积极成效。

二、初步成效

温州市主动作为、创新机制,经过 5 年的有效应对,目前地区金融风险逐步向好,经济企稳回升态势基本确立,在温州的金融机构逐步恢复了信心。

(一)经济运行态势逐年向好

据初步核算,预计 2017 年一季度全市实现生产总值 1046.5 亿元,按可比价计算,同比增长8.4%。实现工业增加值376.2亿元,同比增长6.7%,增速比2016年同期提高1.2个百分点,其中规上工业增加值增长6.6%。实现第三产业增加值591.2亿元,增长10.5%,增速比2016年同期提高1.2个百分点,对经济增长贡献率达66.9%,比去年同期提高2.1个百分点。完成固定资产投资603.6亿元,同比增长13.6%,增速比去年全年提高0.6个百分点。实现社会消费品零售总额758.1亿元,同比增长9.3%,增速高于全省平均0.4个百分点;其中线上消费品零售总额252.4亿元,增长8.6%,高于全省平均1.2个百分点。实现财政总收入219.1亿元,增长12.9%,增速比去年同期提高6.9个百分点;其中一般公共预算收入128.6亿元,增长11.5%,增速比去年同期提高5.2个百分点。

(二)金融运行态势逐年恢复

2017年一季度末,全市银行业金融机构本外币存款余额11217亿元,比年初增加592亿元,同比增长9.94%,比2012年同期增长47.46%。本外币贷款余额8215亿元,比年初增加143亿元,同比增长5.69%,比2012年同期增长25.37%。不良贷款余额203.36亿元,比年初减少13.87亿元;不良贷款率2.48%,比年初下降0.22个百分点,创下2012年8月以来的最低值。关注类贷款余额342.62亿元,比年初减少21.16亿元,关注类贷款占比4.17%,比年初下降0.34个百分点。关注类贷款余额342.62亿元,比年初减少21.16亿元,关注类贷款比例4.17%,比年初下降0.34个百分点,达到两年多来的最低值。一季度,累计处置不良贷款62亿元,累计新发生不良贷款48亿元,比上年同期减少23亿元,处置速度快于新发生速度。2012年以来,温州存贷款余额逐年稳步增长,银行不良贷款和关注类贷款呈∩形曲线:2012年上升较快,不良贷款和关注类贷款分别于2013年和2014年达到峰值,并分别于次年开始出现回落。

三、下步工作

2017年中央经济会议指出,"要把防控金融风险放到更加重要的位置,下决心处置一批风险点,着力防控资产泡沫,提高和改进监管能力,确保不发生系统性金融风险"。2017年，我们将进一步巩固温州区域金融在全省、全国"率先突围"的良好态势，全面实施深化金融风险处置工作意见，力争到2018年使金融风险处置工作进入常态化，金融生态环境基本恢复正常。

同时，我们将引导企业加强自身债务杠杆约束，构建和谐的金融信贷环境，以健全银企金融纠纷的行政调解机制为载体，强化金融风险处置协调工作机制，以创新探索预重整机制为突破，完善僵尸企业的重生和退出机制，以司法联动打击和失信联合惩戒为切入点，加大社会诚信体系的重塑力度，积极探索建立企业金融风险处置的长效机制。

"互联网＋"医疗健康服务

宁波市卫生和计划生育委员会

自 2011 年以来,宁波市抓住智慧城市建设契机,将发展健康医疗与城市协调发展创新和民生综合改善相结合,积极推进智慧健康保障体系建设,基本实现了人口健康信息的互联共享、区域化医疗卫生业务协同和高效便捷的健康医疗惠民。在智慧健康取得初步成效的基础上,2014 年 9 月,宁波创造性地启动"云医院建设",在全国率先开展"互联网＋"健康医疗探索和实践,并形成了全国互联网医疗的"宁波模式"。2016 年 4 月 5 日,宁波市卫生计生委下发了《关于下发宁波市运程医疗服务体系建设实施方案的通知》(甬卫办信息 2016〔33〕号),将"互联网＋"健康医疗、云医院和远程医疗服务推向一个新的高潮,信息化助推医改和健康医疗服务惠民向着更深更广的方向发展。

一、建设背景

宁波市重点通过推进智慧健康建设来助力医改深化和健康医疗发展,在医院推广信息化以优化就医流程,大力推进智慧医疗应用和服务便民,大大缓解了老百姓"看病难"的问题。在此基础上,宁波市卫生计生委开始把目光放大到医疗服务前申后延和医卫一体化、医疗保健一体化发展上,倡导医疗机构跨出医院"围墙",将医疗健康服务向院外延伸、向居民身边延伸,打通医疗健康服务链的最后一环,满足老百姓健康医疗新需求。宁波云医院应运而生。2014 年 9 月,宁波云医院启动建设,2015 年 3 月云医院线上业务启动运营,7 月云医院 O2O(线上线下)协同平台全面贯通。"政府主导建设""区域化布局""O2O 服务"的"宁波模式",成为我国互联网医疗发展的一面旗帜。从 2015 年 6 月开始,宁波云医院在江东区试点,以实现"足不出户看云医、不出社区看名医、医生网上做随访、公共卫生云路径、我的健康我管理"五大功能为目标,开展网上健康医疗服务的平台功能、服务内容、服务流程和与线下业务融合等方面的探索,为云医院业务在全市的全面推开积累了丰富的经验。

远程医疗服务在宁波市起步较早,并有着很好的基础,但是由于受技术和服务理念上的局限,应用并不理想。而宁波云医院服务模式的建立和新的服务理念的形成,为宁波远程医疗服务的发展打开了新的空间。为此,宁波市卫计委于 2016 年 4 月提出了利用云医院平台推动远程医疗服务发展的构想,并下发了建设实施方案。宁波市远程医疗服务体系建设的目标:一是通过"互联网+"推动医疗健康服务向院外、向居民身边延伸,打造完整的医疗健康服务链;二是培育线上线下协同、诊间远程协同的医疗健康服务新模式,满足居民健康新需要;三是构建"网上医联体",支持大医院为基层医疗机构提供远程诊断和会诊服务,助力"双下沉、两提升",促进形成基层首诊、分级诊疗、双向转诊的就医新格局。

二、主要做法

宁波市卫生计生委下发的《宁波市远程医疗服务体系建设实施方案》,提出了具体的建设目标、建设内容和建设要求。在市、县(区)二级甲等及以上医疗机构建设远程医疗服务中心,二级乙等及以下基层医疗卫生服务机构建设基层云诊室,统一利用宁波云医院信息平台建设"网上医联体"和"网上医院",让城乡居民享受便捷、优质的医疗服务,实现"足不出户看云医,不出社区(乡镇)看名医"的目标。同时下发的还有《宁波市医疗机构远程医疗服务中心建设标准》《宁波市基层云诊室建设标准》和《宁波市医疗机构远程医疗服务中心、云诊室统一标识》。在建设和服务上,集中体现"四个统一"。

一是窗口统一。一窗式设计,为医疗机构"远程医疗服务中心"和"云诊室"设计了统一的标识,便于服务需求方识别;一窗式管理,将医疗机构原来分散的远程诊疗服务资源集中整合到远程医疗服务中心和云诊室,进行统一管理和运营;一窗式服务,服务对象只要认准远程医疗服务中心和云诊室就可以统一实现现有所有形式的远程医疗服务需求。

二是平台统一。全市医疗卫生机构的远程医疗服务活动统一在云医院平台上实现;云医院平台通过宁波市人口健康信息平台实现患者授权下的电子健康档案和跨机构诊疗信息调阅;云医院平台上的诊疗信息推送到宁波市人口健康信息平台,实现与居民健康档案的归并。

三是标准统一。下发医疗机构远程医疗服务中心和云诊室建设标准,按照统一的标准进行建设;采用统一的服务接口,远程服务对象统一进行实名认证,实施统一的流程管理和统一的医疗信息安全保障。

四是服务统一。统一服务时间,各远程医疗服务中心有确定的线上诊疗科目,固定的专家应诊时间,并向社会统一发布;统一服务内容,开展包括远程诊疗(会诊)服务、远程预约服务、双向转诊服务、院后随访及健康(慢病)管理等服务;统一服务要求。

计划到 2016 年年底,全市所有二级甲等以上医院建成远程医疗服务中心;建成基层云诊室 200 家,全市海岛、山区乡镇卫生院实现基层云诊室全覆盖;面向农村和社区的远程医疗服务实现常态化。

三、绩效评价

(一)体系建设情况

截至 2016 年年底,全市二级甲等以上医院已建成远程医疗服务中心 44 家,开设在线诊疗云诊室 120 个。全市基层医疗卫生机构建成基层云诊室 243 个,象山县鹤浦乡、余姚市梁弄镇、鄞州区樟水镇、奉化市大堰乡和宁海县双峰乡等一批海岛、山区成为首批建成基层云诊室的乡镇。

(二)业务开展情况

1. 远程会诊服务。一是面向基层云诊室的远程联合门诊服务,这也是宁波市远程医疗服务与传统远程会诊最大的区别。目前通过云医院平台开展经常性远程医疗的科室有内分泌科、心血管内科、骨科、眼科、皮肤科等 11 个,截至 2016 年年底,已提供远程联合门诊服务 1800 余人次。二是为对口扶贫地区医院开展远程会诊服务,如通过云医院平台已为新疆、贵州等对口扶贫地区医院提供按需远程会诊服务 10 多次。三是开展跨市、跨境远程医疗,连通北京、上海、杭州等大医院以及与美国、我国台湾地区的医疗机构和专家实施远程会诊。

2. 在线医疗服务。一是与家庭医生签约相结合,为市民提供 O2O

签约服务,在江东区已有 3 万多名居民与家庭医生线上线下同时签约,至今已为 6000 多名慢性病患者接受了线上疾病管理服务。二是 O2O 协同门诊,即在诊室门诊的同时按需提供线上服务,如妇儿保门诊已为服务对象提供网上处方和药品配送服务 20000 多人次。三是专科云门诊,目前开展较好的有心理咨询、心律失常、眼科、心血管保健云门诊等,可以开展在线咨询和健康指导服务、线下服务预约、复诊病人续方等。

从建设取得的效果上来看,宁波远程医疗服务体系建设实现了"两大协同":一是区域业务协同。在工作机制上,构建了大医院面向基层医疗机构的"网上医联体",提高了"双下沉、两提升"效率;在实际业务上,实现了远程医疗与远程教育一体化,远程医疗与预约服务和双向转诊一体化,助力了"基层首诊""分级诊疗"的落实。二是线下线上协同。以线下医疗为基础,通过重点面向复诊病人和出院随访患者的"网络医疗"服务的拓展,在提升患者服务体验的同时,产生了很好的线下线上协同效应,提升了医疗服务的整体质量和效率。这种基于互联网、基于居民健康档案的区域业务和 O2O 业务协同,为全人、全程、全面、实时、协同的健康医疗服务链的打造,为大医疗、大健康生态圈的形成打下了扎实的基础。

四、创新启示

以"互联网＋"和云医院的模式开展远程医疗服务是远程医疗发展的一个创举,也是实现互联网与医疗一体化融合的一种大胆探索。互联网发展理念和服务环境,为健康医疗服务创新和发展拓展了巨大的空间,提供了无限的可能。

在建设中,宁波市从为民服务上的方便快捷、公平普惠、优质高效,以及网上医疗质量与安全、服务与监管等多维度进行把控,提出了"四个统一"的建设要求,有利于保证远程医疗服务质量,提升建设运营的效果。

"三位一体"农合联改革

中共平湖市委、平湖市人民政府

浙江省嘉兴平湖市 2015 年起承担全省"三位一体"农民合作经济组织体系试点以来,坚持以"合作求发展,联合兴三农"为核心价值,创新发展"新仓经验",立体式、多层次、全方位推进新型合作,基本形成以生产合作为基础、供销合作为带动、信用合作为支撑的"三位一体"农村新型合作体系,2016 年,全市农民人均可支配收入达到 29028 元,城乡居民收入比缩小至1.71:1,统筹城乡发展水平持续走在浙江省前列。2015 年,国家供销总社在平湖市召开纪念毛泽东同志"新仓经验"批示 60 周年座谈会,时任浙江省委书记夏宝龙同志在会上指出,"新仓经验"对促进浙江"三农"发展发挥着重要作用,是浙江的"传家宝"。中央人民广播电台、人民日报等 10 家省级以上媒体介绍了平湖市创新发展"新仓经验"、推进"三位一体"农民合作经济组织建设的经验。

一、实施背景

1955 年,毛泽东主席对《中国农村的社会主义高潮》一书中摘录的《平湖县新仓乡订立结合合同的经验》一文作出重要批示,"本书谈这个问题的只有这一篇,供销合作社和农业生产合作社订立结合合同一事,应当普遍推行"。"新仓经验"由此诞生,形成了生产合作、供销合作、信用合作"三位一体"的雏形。2003 年,时任浙江省委书记习近平同志到平湖新仓进行了调研。2006 年,习近平同志指出"以供销合作社、信用合作社、专业合作社的联合而构成的'三位一体'的农业综合服务平台,是目前我国发展农村合作经济的一种新的形式,是代表现代农业发展方向的一个新生事物"。可以说,"三位一体"改革由总书记亲自点题、亲自破题,是"新仓经验"在新时期的新发展、新创造,也是平湖市全面深化改革、促进农民增收、实现农业现代化的必然要求。

为此，平湖市结合实际，在原有农业合作社、供销合作社、信用合作社的基础上，围绕农民想什么、要什么、缺什么，创新发展"新仓经验"，探索组建规模更大、覆盖更广、层次更高的农民合作经济组织，引入资本、技术、人才等现代生产要素，在全国率先成立农合联组织，在全省建立首个"12316"为农服务平台，初步建立起以公共服务机构为依托、以合作组织为基础、以龙头企业和专业服务公司为骨干、其他社会组织为补充的新型农业社会化服务体系，"三位一体"农民合作经济组织体系建设取得了阶段性成效。

二、主要做法

（一）横向统资源，纵向联层级，形成立体式的组织架构

以合作联合为核心，以改革创新为动力，以"三位一体"为基石，深化农民合作经济组织体系建设。

改革成立"农合联"。农合联，即农民合作经济组织联合会，是以供销合作社为主体，联合政府涉农服务部门和农业生产经营主体，共同组建的具有为农民提供生产、供销、信用"三位一体"服务功能的非营利性社会团体，也是农民合作经济组织和农民实现自我服务、自我管理、提高农业竞争力和生产生活水平的综合平台，是农村家庭经营和商品流通的服务综合体、农业服务和政策实施的供给中介体，实行"农有""农治""农享"。

农合联的建立，是平湖市创新发展"新仓经验"生命力的延续，也是深化推进"三位一体"建设的重要着力点。到 2015 年，市镇两级实现农合联组织全覆盖，到 2016 年年底，吸收涉农服务单位、农业生产经营主体 477 个，并建立了集生产合作、供销合作、信用合作于一体的体制机制，统一解决生产、供销、信用服务等问题。

推进运作"实体化"。结合供销合作社综合改革，拓展农合联功能，将农业社会化服务辐射到农村千家万户，形成市镇村三级横向统筹、纵向联动的新格局。改革农合联委员会，根据供销社有机融入农合联的要求，制定"三定方案"，增设生产合作部、供销合作部和信用合作部，推进农合联运作迈向实体化。率先打破行政区划，规划重组镇级供销社，对上成立合

作社有限公司,打造区域服务的综合性平台;对下与村级农业专业合作社组建"庄稼医院"、农资连锁超市、金融互助社等机构,打造镇村专业化"小微"服务节点,实现本地主要农产品生产、储运、销售、结算等服务的"无缝"衔接。

创新党建"联合体"。按照党建服务农业产业发展的思路,建立农业产业链党组织 48 个,着力打造"致富、技术、服务、市场、创先、产业、提质""七大联合体",成功带动 10 多万农民参与产业发展。推动乡镇"农合联"党组织与 11 家省内高校院所党组织结对,通过结对共建先后开展技术攻关与市场推广项目 120 多个。

(二)横向统合作,纵向联市场,融合多层次的经营体系

组成农业发展"联合旗舰队",推动"三位一体"向纵深方向发展,完善现代农业经营体系,提升市场竞争力。

推进专业化的生产合作。指导、协调农合联成员开展横向和纵向合作,做好涉农政策实施、经营主体培育、农技推广、农资保障等服务。推动合作社"规范性创建达标",实施生产、采购、技术、品牌、销售"五统一"认证,创建省级无公害农产品生产基地 145 个,浙江省级以上农产品品牌 14 个,有效提升了农业标准化水平。461 家农民专业合作社中,国家级示范性农民合作社 4 家,省级示范性农民合作社 7 家,嘉兴市级示范性农民合作社 5 家,吸纳社员 9043 户,带动农户 6.89 万户。如浙江金丝娘水果专业合作社,吸收 113 户果农为合作社社员,"金丝娘"水果品牌荣获 2014—2015 年中国合作经济年度成就奖"50 佳合作社产品品牌"。飞农粮油专业合作社联合社作为全省首家县域飞防专业合作社联合社,由 5 家农民专业合作社共同发起组建,开启了合作和抱团联合发展的新局面。在全省率先成立土地股份合作社,引导农户以土地入股形式分享流转收益,截至 2016 年年底共流转土地 20.12 万亩,流转率达 64.8%。创新村经济合作社股份合作制改革,全市有 23 个村股份经济合作社实行按股分红,累计分红 3533 多万元,惠及股东 5.68 万个。

推进一体化的供销合作。通过完善流通配送网、加强营销对接、拓展"互联网+"等构建农村现代流通服务新体系,把日常生产、生活用品直接送到村、组、农户和田间地头,解决了农户供销两头难题,农民生产上顺当

了,收入上更有保证了。以平湖市丰达农资连锁配送公司为龙头,全市布设 206 家农资连锁配送网点,实行进货、配送、价格、服务、标示、培训"六统一",农资配送率达 85%。组建集配送服务、安全检测和信息引导为一体的平湖市生活资料供销配送服务中心,实现与全市综合服务社超市及"农村放心示范店"等 358 家零售店的签约配送。拓展农产品市场推广,线下,构建"农批市场+展配中心+超市门店+生产基地+农产品经纪人""五位一体"的农副产品购销网络,2016 年实现销售 24.3 亿元;线上,鼓励发展农村电商,建成农村电商服务站 55 家,开展网上代购、代销、代缴和创业培训等服务;依托网上供销社、淘宝网、1 号店等平台开设平湖专区,2016 年农副产品线上销售 8000 余万元,"阿奴"牌杜瓜子获全国"最具影响力合作社产品品牌"。

推进多元化的信用合作。面上,引导各类金融组织创新涉农金融产品和服务,相继推出"金土地""农易贷"等一系列服务三农的小微金融贷款业务,2016 年全市金融涉农信贷余额 126.5 亿元;点上,探索合作社内部金融互助模式,组建浙江省首家由供销社参股领办的资金互助合作社——新当湖农村资金互助社,为社员提供存贷款及结算服务,并实行社员、服务、资金的"三封闭"运行,累计发放贷款 1044 笔,近 1.65 亿元,受惠 231 户。依托镇农合联组建农村资金互助会 5 家。市农合联会同市金融办在嘉兴全市率先制定了《农村资金互助会管理暂行办法》。互助会与平湖农商银行建立业务合作关系,凡经互助会担保的贷款,农商银行按基准利率予以贷款。新仓镇农合联组建的新仓镇创新农村资金互助会,由新仓供销合作社、新仓果蔬专业合作社和新仓仓秦水果专业合作社共同发起,吸收农民专业合作社社员和镇级农合联会员入会组成,现有会员 125 个,吸收入会金 150.1 万元,累计发放贷款 1000 万元,成为农村金融的有益补充。

(三)横向统服务,纵向联平台,构建全方位的服务网络

顺应社会化、专业化、综合化的为农服务新趋势,统筹整合各类服务平台并加快互联互通,有效增强为农服务合力。

建立全覆盖服务网络。在市、镇两级综合服务网络全覆盖的基础上,按照"服务辐射半径 3 公里内,步行 20 分钟内"要求,在全市农村社区中

心、村民集聚地、村两委办公场所等人流密集部位,建立村级综合服务社99家,平均建筑面积1000平方米,为农户提供"定制化"的农资配送、农产品预约销售、小额信贷等综合服务。同时通过将单个服务社无法办结的事项录入供销信息系统,实现与市、镇两级平台的协作办理。

提升智慧化服务平台。以全国首批信息进村入户试点县为契机,探索"政府+农合联+运营商"机制,推动行政村全部完成光纤改造,农村宽带入户率93%。在全省率先整合市镇两级"农技110""12582专家直通车""农民信箱"等6大涉农服务信息平台,建立首家"12316"为农服务信息中心(智慧农资平台),通过电话、广播、网站、手机APP等发布"三农"服务信息134.28万条,接待来电来访2.18万人次,解决各类问题1.93万件。建立"省级云呼叫中心+专家移动终端"的线上庄稼医院远程视频诊断系统。打造出一批"智慧农业"示范园区,如广陈镇百玫生态园应用该技术实现生产全过程信息化以及产品的全程可追溯,并入选浙江省"智慧农业"示范点,瓜果蔬菜产品实现对杭州、嘉兴等周边30多个城市小区的直接配送。

提供全方位的服务内容。拓展各级农合联服务功能,最大限度地满足农民生产、供销、信用方面的需求。全市机械栽植和统防统治面积分别达到8.87万多亩,测土配方施肥面积65.8万多亩,惠及全市90%的农户。如曹桥街道农合联依托曹桥供销专业合作社,以基地建设为示范,不断创新技物结合的社会化服务模式,合作社先后投入资金100多万元,购置插秧机等大中型农业机械,建立了规模化育秧中心,开展水稻机械化翻耕和插秧、水稻病虫害统防统治、测土配方施肥等服务,合作社也先后获得了"浙江省示范性农民专业合作社""浙江省50强基层社""中国50佳合作社"及"国家级示范性农民专业合作社"等荣誉称号。新埭镇农合联依托各村经济合作社,联合组建新联实业公司抱团发展,成立新联粮油、农资专业合作社等合作组织,扎实开展为农服务。同时市镇两级农合联以政府购买服务等方式,承接农业技术推广、"美丽乡村"建设、农民信用贷款等公共服务职能,如林埭镇农合联承办的"闲置土地回收利用"项目,协助收回集体已征未用土地750亩。

三、改革创新启示

（一）为农服务是创新发展"新仓经验"的宗旨

"新仓经验"在服务农民、帮助农民中产生，在改造农民、提升农民中发展。平湖市在推进新时期"新仓经验"实践中，为农服务领域不断拓宽，为农服务机制不断完善。通过在生产领域实现土地规模化、生产标准化，供销领域实现服务平台化、营销网络化，信用领域实现资金互助化、管理封闭化，始终把为农服务、满足农民的需求放在第一位，初步构建了多形式、多层次的为农服务网络，真正让农民从供销合作社服务中得到了实惠，这是"新仓经验"充满生机和活力的根本所在。

（二）结合联合是创新发展"新仓经验"的灵魂

"新仓经验"最初的做法，就是把农民组织起来，把生产和供销结合起来，使分散的、单个的农业生产融入产加销一体化，在结合联合中实现互助合作、增产增效。这些年来，我们在家庭联产承包责任制基础上，支持农民合作社以产权为纽带组建联合社，组建覆盖城乡的农民经济合作组织联合会，完善"三位一体"农民合作经济组织体系。通过不断提升功能和创造利益结合点，促进了农资、技术、营销、资金、品牌等要素的整合结合。结合联合这篇文章，在市场经济条件下做得越来越大、越来越好。

（三）改革创新是创新发展"新仓经验"的源泉

"新仓经验"来源于农村、植根于实践。从过去订立结合合同到现在领办参办专业合作社，从过去单一的购销服务到现在"三位一体"的农业社会化服务体系，从过去以行政、计划为手段的统一供销到现在发挥市场主导作用的农业全产业链运营，无不是基层干部群众首创精神的生动体现。实践证明，改革创新，不仅提升了"三农"服务效能，也为全国农村土地制度、产权制度、金融制度、公共服务制度和农业经营体制等"破题"提供了有益探索。

"多规合一"改革试点

中共开化县委、开化县人民政府

开化县是浙江母亲河钱塘江的发源地,是浙江生态屏障的重要组成部分,县域面积 2236.6 平方公里,人口 35.9 万人,出境水质常年保持在Ⅰ、Ⅱ类标准,空气质量常年为优,森林覆盖率达 80.7%。开化县始终坚持生态立县不动摇,牢牢把握国家主体功能区建设试点示范、国家"多规合一"试点、国家公园体制试点等战略机遇,不断优化国土空间开发格局,全面促进了绿色发展和生态富民。

一、实施背景

开展市县空间规划改革,推进"多规合一",是中央全面深化改革的一项重大任务。"多规合一"试点关系到主体功能区理念落地生根,开化作为重点生态功能区和浙江八大水系钱塘江的源头,严格按照生态功能定位推动发展是义不容辞的责任。所以,我们立足以主体功能区规划为基础统筹各类空间性规划,重构生产、生活、生态空间,主要是为未来"以市县级行政区为单元,建立由空间规划、用途管制、领导干部自然资源资产离任审计、差异化绩效考核等构成的空间治理体系"打下基础。

开化之所以要积极开展"多规合一"试点,主要是因为规划实施过程中存在"四难":一是"项目落地难"。国民经济社会发展规划明确了县域五年发展目标、思路、举措和重点任务,而工作任务和项目无法细化落实到空间上,起不到统筹、协调、指导的作用,显得很空。二是"空间管控难"。城乡规划、土地利用规划、环境功能区划和经济社会发展规划对同一地块的基础数据、规划年限、技术标准、规划语言等自成体系、互不统一,导致空间管控不一致。三是"规划精简难"。各种县域规划和专项规划多,少则五六十个,多则一百多个,制定这些规划和专项规划,需要化费大量的人力、财力和物力，规划编制少则几千万、动辄上亿，对地方来说是一种沉重的"包袱"。四是"部门协调难"。城乡建设规划、土地利用规划、环境功能区划有各自的法规和体系，不协调、不融合，相互掣肘、相互打架，互相扯皮。

二、试点理念

习近平总书记指出，"规划科学是最大的效益，规划失误是最大的浪费，规划折腾是最大的忌讳"。对此，开化下定决心从根本上破解各类空间性规划掣肘打架的"瓶颈"制约，做到真正意义上的"多规合一"。试点中，我们主要遵循以下理念：

1. 严格落实主体功能理念。"多规合一"事关空间治理体系重构，而主体功能区规划是空间治理的基础前提。依据自然本底条件，合理开发利用国土空间，是主体功能区规划的核心要义。开化作为国家和省级层面确定的重点生态功能区县，推进"多规合一"试点，就要牢牢把握主体功能定位要求，在开展资源环境承载能力和国土空间开发适宜性评价的基础上，把需要开发的国土空间集约高效开发好，把需要保护的国土空间全面严格保护好。

2. 牢固树立实用管用理念。"多规合一"事关空间治理效率提升，而科学规划蓝图是提升效率的根本保障。我们推进"多规合一"试点，不做表面文章、不搞形象工程，切实解决根本性、根源性问题，致力于各类空间性规划有机整合的路径设计、各类空间规划要素有效落地的模式探索、各类发展目标任务全面落实的用地安排，真正做到"统得起、落得下、可操作"。

3. 强化资源整合统筹理念。"多规合一"事关构建高效空间规划体系，优化整合资源是规划体系重构的根本路径。我们推进"多规合一"试点，致力于系统解决坐标体系、基础数据、空间管控分区等方面不一致不协调问题，有机整合各类空间性规划，加强统筹协调，盘活整合县域空间增量和存量资源，最终形成统一衔接、有机整合的"一本规划、一张蓝图"。

4. 强化机制体制创新理念。"多规合一"事关经济社会发展全方位改革，强化自我革命的根本意识是必然要求。开展"多规合一"试点就是为了避免不折腾,要做到不折腾必须有体制机制来保障。在开化开展"多规合一"试点过程中,始终把建立与主体功能区建设相吻合、与"多规合一"试点相适应、与国家公园打造相匹配的体制机制作为重点工作,实施大部制改革。

三、主要做法

开化县"多规合一"试点自 2014 年 8 月启动以来,一直在国家、省、市三级的坚强领导和有关部门的精心指导下有序开展,主要取得了以下五大成果:

1. 构建规划体系,编制统筹发展全局的一本规划。遵循"一本规划管到位"的要求,探索构建了"1＋X"空间规划体系,形成发展一盘棋。"1"指起统领管控作用的《开化县空间规划》,是以主体功能区规划为基础,对现有多个空间性总体规划核心内容进行有机整合与创新而形成的"一本规划";"X"是指以"一本规划"为统一依据,编制形成的控制性详细规划、乡镇土地利用规划以及其他实施性方案。

2. 落实分区管控,绘成凸显"三区三线"的一张蓝图。按照主体功能区规划核心理念,对全县域开展精细化资源环境承载能力和国土开发适

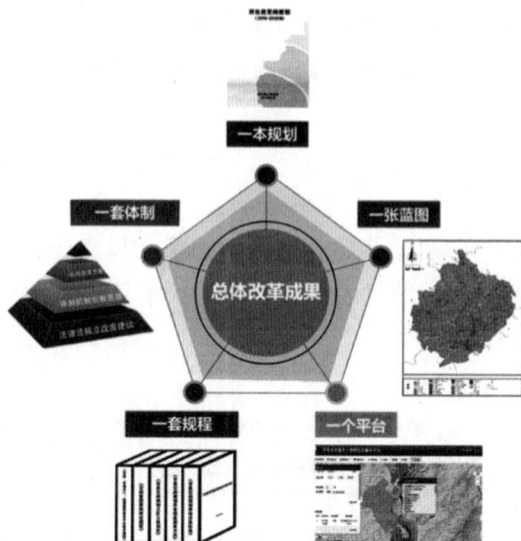

宜性评价,结合人口变动趋势和经济社会发展需求,科学判断哪些区块需要严格保护、哪些区块适宜农业生产、哪些区块可供城镇建设,科学划定城镇开发边界、永久基本农田红线和生态保护红线"三线",科学划定城镇空间、农业空间、生态空间"三区",把生态空间由原来的 50.8％提高到 80.3％,制定空间管控原则,形成空间规划底图。在此基础上,按照叠入次序与规则,有机叠入基础设施网络、城镇建设、乡村发展、生态保护、产业布局、公共服务等空间要素,形成融发展与布局、开发与保护为一体的全县域空间管控"一张蓝图"。

3. 破除技术壁垒,制定一套统一衔接的技术规程。将规划期限统一到 2030 年,运用 2000 国家大地坐标系统一各类基础数据,统一了空间规划用地分类标准,以"三区三线"整合替代了原有的多个相互重叠交叉的空间管制分区,并形成了开发强度测算、三类空间划定、空间管控、用地分类标准、基础信息平台建设等 5 个技术规程,为复制推广奠定了坚实基础。

4. 实现协同共享,建成便捷高效的管理信息平台。在整合原有地理信息平台和政务服务平台的基础上,充分运用"多规合一"成果,建设由基础、管控和审批"三大模块"并联运行的"多规合一"管理信息平台,协同开展行政审批流程再造,提高审批效率达 70％以上。"多规合一"改革全面推进后,将实现规划数据综合管理、项目审批有效提速、空间规划实时监测与管控等。

5. 强化监督协调,创新利于规划实施的体制机制。成立县综合性规划管理协调机构,负责规划立项管理、统筹协调、审议发布、监督实施及评估修订等工作。探索规划体制机制改革路径,设计规划编制、实施、监督既相对独立又相互制约的规划管理机制,并适时推进符合空间规划管控要求的政府机构改革,进一步强化对部门的统筹协调。

四、创新成效

开化县"多规合一"试点,有效地促进了县域经济社会发展,给人民群众带来了实实在在的改革获得感,主要取得了五大成效:

1. 实现粗放发展向科学布局转变。充分利用"多规合一"试点成果,淘汰落后产能,从生态保护角度出发淘汰搬迁企业 123 家,生态移民 1 万余人。进一步明晰产业布局,严格红线管理,在不同空间分区布局与之相适应的产业项目,优先发展生态旅游、生态农业、生态工业等"生态＋"产业。在全县范围内集中开展环境大整治,着力把开化打造成美丽浙江先行区、生态经济示范区和"两山"理论实验区。

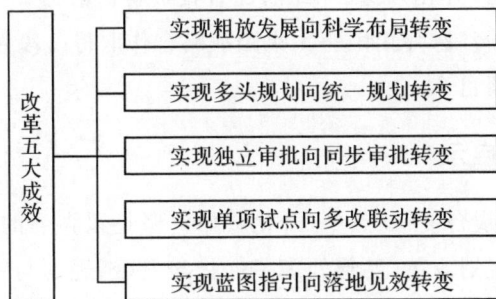

```
                    ┌─────────────────────────┐
                  ┌─┤   实现粗放发展向科学布局转变   │
                  │ └─────────────────────────┘
        ┌───┐     │ ┌─────────────────────────┐
        │改 │─────┼─┤   实现多头规划向统一规划转变   │
        │革 │     │ └─────────────────────────┘
        │五 │     │ ┌─────────────────────────┐
        │大 │─────┼─┤   实现独立审批向同步审批转变   │
        │成 │     │ └─────────────────────────┘
        │效 │     │ ┌─────────────────────────┐
        └───┘     ├─┤   实现单项试点向多改联动转变   │
                  │ └─────────────────────────┘
                  │ ┌─────────────────────────┐
                  └─┤   实现蓝图指引向落地见效转变   │
                    └─────────────────────────┘
```

2. 实现多头规划向统一规划转变。将发展规划确定的"要做的事"和空间规划确定的"在哪里做",统一在"一本规划"和"一张蓝图"上。通过协调规划差异,落实主体功能定位,整合提升空间资源利用效率,盘活存量土地 1307 亩,新增建设用地指标 3050 亩(含低丘缓坡盘活指标 1234 亩),腾出发展空间,实现节约集约开发。通过划定"三区三线"、合理确定"三类空间"比例,统一空间管控,进一步加强生态保护力度。

3. 实现各自审批向同步审批转变。充分利用"多规合一"成果,实现一个窗口、一个平台运行,整合部门信息资源,促进资源共建共享,实施统一监管,做到让群众、业主少跑腿。通过精简行政审批流程,以审批事项、审批环节、审批时间"三减少"换来审批速度、审批效率和办事效率"三提升",促进项目快落地,不断优化投资环境。

4. 实现单项试点向多改联动转变。以"多规合一"试点为契机,深化大部制改革,实现政府职能转变。全县各类机构总数从 63 个减少到 37 个,18 个乡镇、1 个工业园区撤并整合成 14 个乡镇。接下去,将进一步深化以"退、合、并、减"为重点的大部制改革,优化组织机构,理顺责权关系,特别是加快推进涉及规划职能的部门合并,着力提升政府的治理能力。

5. 实现蓝图指引向落地见效转变。通过"多规合一"试点,既强化了生态保护,同时又促进了经济社会发展和老百姓增收,特别是民宿(农家乐)风生水起,文化旅游产业蓬勃发展。2016 年,接待游客数和旅游总收入与往年同期相比分别增长 22.7% 和 25.4%;农家乐直接营业收入增长 46.5%;城乡居民人均收入分别增长 9.0%、9.5%。良好的生态也吸引了众多的投资者,开化入选 2016 浙江省投资价值潜力 20 强县。浙江建投、浙旅集团、浙江医疗集团等大集团战略合作取得阶段性成效,2016 年引进亿元以上项目 21 个。

五、创新启示

在推进"多规合一"试点中,开化县始终坚持以强烈的担当意识全面深化战略空间规划改革,妥善处理了保护与发展、规划与管理两对关系,有效统筹了自然、行政两种"资源",实现了"一张图规划、一盘棋管理"。开化县通过强势改革、大胆突破,成效显著,启示深刻。

1. 要力求过程可考核,强化组织领导和统筹协调。我们深刻领会习近平总书记改革方法论,扎实推进试点工作,及时成立了强有力的"多规合一"试点领导小组、深化改革领导小组和"多规合一"领导小组办公室，由县委书记、县长担任双组长，从组织上保障试点工作有效、有序推进。同时，将领导小组办公室直接设在发展和改革局，切实做好上下对接、统筹协调和推进落实，确保试点工作一抓到底；出台全面深化改革工作考核办法，将改革创新工作纳入部门和乡镇年度考核计划，确保改革试点深入推进。试点中，抽调专业的骨干力量，组成具有开化特色的"本土专家队"和"青年突击队"，全程参与试点攻坚，合力开展相关课题研究与技术攻关。

2. 要力求模式可复制，促进成果转化和经验推广。我们深刻领会习近平总书记改革宗旨观，全面贯彻中央关于全面深化改革的系列部署，认真落实省委提出的"要摸准石头过河、确保改革落地""打造全面深化改革标杆省份"等系列要求，拉高标杆加压干，以可复制、可推广为着力点，立足开化生态功能定位，充分考虑形势发展需要，按照"从严从紧"的要求，科学划定"三区三线"。在试点过程中，我们主打"五四三"组合拳，念好"拆、治、归"三字经，一批影响生态环境的突出问题得到有效整治，一批违法违章建筑得到强力拆除，生态环境质量全面提升，一、二类出境水和空气优良率接近100％。同时，为将技术成果上升为理论成果，我们还创建了全国唯一的"多规合一"专题展示馆，为多地交流学习创造了生动形象的展示平台。

3. 要力求成果可运用，推动落地见效和实用管用。我们深刻领会习近平总书记改革落地责任说，充分运用供给侧结构性改革理念，坚持问题导向和效果导向，推进"多规合一"试点，不做表面文章、不搞形象工程，切实解决根本性、根源性问题，真正做到"统得起、落得下、可操作"，快速有效地促进了杭新景高速、九景衢铁路等一批重大项目落地。为确保"一本规划"落地见效，县级层面多次组织召开规划论证和征求意见会，协调解决碰到的难题，并不断修改完善规划。同时，主动加强向上请示汇报，争取国家省市的关心重视，着力破解《开化县空间规划》实施缺乏法律定位的"两难"局面。我们还把"多规合一"理念贯穿到各项综合改革实践中，形成了支持和拥护改革的强大正能量，联动推进了国家重点生态功能区、国家公园体制等系列改革，培育区域发展新动能。

4. 要力求数据能"跑路",提高审批效率和行政效能。数据能"跑路",群众才会少"跑腿"。我们深刻领会习近平总书记"以人民为中心"的发展思想,切实增强人民群众的改革获得感,依托现代信息技术,建立了"多规合一"管理信息平台,同步推进以"最多跑一次"为核心要求的"放、管、服"改革,减少审批环节,创新项目审批流程,实现协同共享和高效运行。待管理信息平台全面启用后,将实现规划数据综合管理、项目审批有效提速、空间规划实时监测与管控等同频共振。

基层民主协商"1＋X"平台

中共台州市委统战部

台州一直是中国基层民主创新最活跃的地区之一。党的十八届三中全会特别是中发〔2015〕3号文件下发后,台州市围绕"谁具体抓协商、在哪里协商、与谁协商、协商什么、怎么协商、协商以后怎么办"等问题,积极探索构建基层民主协商"1＋X"平台,即以统战部门为主导、以乡镇(街道)民主协商会组织为主渠道、以多样化多层次的"X"支渠道为拓展、以'四个三'为运行程序,延伸至村(社区)、企事业单位的广泛、多层、制度化且富有效率的基层协商民主"台州模式",向打造基层协商民主中国方案"台州样本"迈出了扎实的一步。

一、实施背景

党的十八届三中全会指出,发挥统一战线在协商民主中的重要作用。习近平总书记强调,要按照协商于民、协商为民的要求,大力发展基层协商民主,重点在基层群众中开展协商。中发〔2015〕3号文件把基层协商作为加强社会主义协商民主的七大协商渠道之一,要求稳步推进基层协商。但由于基层协商民主处于理论和实践探索阶段,中央对基层协商民主建设的目标要求比较宏观、比较原则且没有明确领导方式和工作机制,导致当前基层协商"无牛拉车、原地不动"或"五牛拉车、不知所往"的散乱、无序、低效局面,影响到了基层协商民主有序、规范、高效、体系化发展。统一战线与协商民主在历史渊源和内涵功能上具有高度关联性。依托大统战工作体系,坚持运用统战理论理念、价值取向、渠道平台、方式方法、程序规则等来引领和推进基层协商民主,更有利于把自发、散乱、低效的多渠道的协商民主实践形式统摄于党委的领导之下,推进基层协商民主向广泛、多层、高效制度化发展,巩固发展最广泛的爱国统一战线,推动基层治理体系和治理能力现代化,巩固扩大党的阶级基础和群众基础。

二、主要做法

1. 坚持理论性与实践性相结合,争取统战部牵头协调,解决好"协商由谁来抓"的问题。着眼统一战线与协商民主的高度关联性,坚持理论成果、实践成果、制度成果并进,推动构建党委统一领导、统战部门牵头协调,各方分工负责、公众积极参与的基层协商民主工作体系。一是加强研究宣传,以理论立据。自 2013 年起就从统一战线与协商民主的历史沿革和内涵功能进行了理论研究,提出了统一战线所追求的多样性与一致性的辩证统一与协商民主通过平等的对话、沟通、协商以取得共识的价值取向高度契合,在推进协商民主中具有人才荟萃的智力、联系广泛的资源、多层畅通的渠道、政治协商的平台、求同存异的方法、稳定完善的制度等独特优势,契合基层协商民主工作定位等理论观点。及时召开全国性"统一战线与基层协商民主"学术研讨会和台州市统一战线推进基层协商民主研讨会,邀请中央党校原副校长李君如等国内外 60 多位专家学者研讨"台州模式",为统战部门主导基层协商民主工作奠定了理论基础、营造了社会氛围。二是大胆先试先行,以实效论证。按照先试先行、总结完善、可复制可推广的原则,在临海市、天台县等地试点统战部门主导的以吸纳社会各界代表人士参与基层公共事务为主要内容的协商民主平台及运行机制建设,共建乡、村两级民主协商会组织 1074 家,开展协商活动达 6000 次,参与协商代表 8.5 万多人次,对 1100 项民生决策达成共识,推动 120 个重点项目顺利实施,化解矛盾纠纷 810 起,工作成效得到了党委政府的认可,被当地干部和群众形象地喻为:以统战理念、用"柔"的方法、做"和"的文章、取得了"刚"的效果。三是加强顶层设计,以制度守成。以贯彻落实中央、省委统战工作会议精神为契机,市委及时将统战部门推动协商民主工作写入《中国共产党台州市委员会统一战线工作实施办法(试行)》,建立市、县、乡三级由同级党委书记担任组长的党委统一战线工作领导小组,配齐乡镇(街道)党(工)委统战委员(其中配备专职统战委员占比达 1/2),出台《关于统一战线推进基层协商民主的指导意见》,临海市、天台县、三门县党委出台基层协商民主建设文件,为开展统战部门主导的基层协商民主工作提供了政策依据和组织保障。

2.坚持代表性与广泛性相统一,搭建"1＋X"协商平台,解决好"广泛多层高效协商"的问题。针对协商民主广泛、多层易导致基层协商散乱、无序、低效的现状,统筹好提高效率和发扬民主的关系,探索出了以乡镇(街道)民主协商会组织为主渠道、以多样化多层次支渠道为拓展,延伸到村居社区、企事业单位的广泛多层常态化且富有效率的"1＋X"基层协商网络构架。一是构筑主渠道,推动"精英"协商。"1"即构筑基层协商民主主渠道——建立经社会各界协商推选并由同级党组织聘任的各界别代表人士为协商员(议事员)的乡镇(街道)民主协商会组织,重点围绕基层"四公一热"即重大公共决策、公共事务、公共利益、公益事业和民生热点难点等公共事务开展"精英"协商,目前全市共有56个乡镇(街道)建立统战性民主协商会组织,聘请协商员(议事员)达2600人,开展协商活动达1000次,为基层构筑了更加广泛、常态化、富有效率的基层协商民主主渠道,基层群众切身体会到了民主参与的"存在感",被称为是最广泛的乡镇级爱国统一战线组织。二是搭建支渠道,推动"草根"协商。"X"即不断探索丰富乡镇(街道)民主协商会组织面向村(社区)、面向企事业单位、面向涉及协商议题的利益相关群体、面向广大群众的多样化、多层次协商支渠道,保障基层群众广泛、多层次参与民主协商。主要包括:请进来民主恳谈,凡是协商议题涉及群众利益的,邀请利益相关方代表与相关部门开展面对面恳谈,在充分协商中求同存异、达成共识;走出去圆桌会商,充分发挥协商员(议事员)在所联系群众中的威望,建立协商员(议事员)联系村(社区)制度,进村入户与群众围坐开展圆桌会商,定期不定期地听取诉求、疏导情绪、化解问题;随时性书面协商,协商意见建议或协商员(议事员)反映的社情民意、意见建议,经民主协商会直通车形式向党委政府及有关部门反映;广覆盖网络问政,民主协商会组织运用网络媒体问政和建立网议互动日等措施,拓宽社会公众参与民主协商渠道。三是引进第三方,推动公正协商。民主协商会组织视情况邀请相关专家学者、乡土人才组成民主协商评议团,以客观中立的第三方身份对议题所涉及的法律、政策、专业性等问题作出解读并接受协商主体咨询,对协商结果作出客观公正评价。黄岩区出台《基层协商民主综合评价工作指标体系(试行)》,试行以评议团为主体的全程民主协商第三方标准化评价工作,评价结果作为年度党建目标责任考核基层协商民主内容的重要依据。仙居县在全县20个乡镇(街道)全部建立"乡镇(街道)党外代表人士资政顾问团",常态推行"镇务大事咨询制"。温岭市成立36名党外专家组成的统一战线评议团,把民主评议结果作为衡量民主恳谈成效的重要依据。

3. 坚持科学性和有效性相兼顾,构建"四个三"运行机制,解决好"如何协商并保障协商出成果"的问题。直接借鉴中国共产党领导的多党合作和政治协商运行机制,围绕协商前、协商中、协商后三个重要环节,总结形成了切合实际、富有成效的"四个三"协商运行机制。一是民主提事"一梳理、二提交、三确定"。"一梳理"即年初根据同级党组织年度工作计划和工作报告,梳理出年度协商议题;"二提交"即研究确定年度协商计划报同级党组织审定;"三确定"即同级党组织会商民主协商会组织确定并公开年度协商计划。二是民主议事"一制定、二准备、三组织"。"一制定"即根据年度民主协商计划或专题议题,制定具体民主协商方案报同级党组织审定;"二准备"即根据审定的民主协商方案,做好协商人员通知、协商知情等工作;"三组织"即按照拟定的协商议事方案,精心组织协商议事活动,事后及时形成《协商纪要》或建议案。三是民主理事"一报送、二办理、三反馈"。"一报送"即体现协商成果的《协商纪要》或建议案在规定时限内报送同级党委政府、相关部门;"二办理"即相关单位将采纳的协商成果纳入重点督办范围,制定具体落实方案;"三反馈"即各承办单位在规定时限内反馈办理结果,未落实的要作出说明。四是民主评事"一通报、二评议、三办结"。"一通报"即协商成果办理落实情况及时向协商员(议事员)和利益相关方代表通报,接受监督;"二评议"即协商成果落实情况可接受协商员(议事员)评议,进行满意度测评;"三办结"即评议结果为基本满意的,要及时办结并做好整理归档工作。评议结果为不满意的,可经有关程序提请复办后办结,确保协商"说了不白说"。

三、绩效评价

1. 找到了基层大众协商"金钥匙",推动了基层协商民主广泛多层制度化发展。统战性"1+X+4"基层协商模式,直接"复制"中国共产党领导的多党合作和政治协商运行模式,坚持以乡镇(街道)为基层协商的中枢,通过建立乡镇(街道)民主协商会组织,并探索延伸至村(社区)、企事业单位的多层次、多样化的乡镇(街道)民主协商会支渠道,或将乡镇(街道)民主协商会组织直接复制推广到村(社区)、企事业单位,推行"四个三"协商运行机制,精准解决了协商民主"广泛多层"与"有序高效"不得兼顾的症结,形成了既富有效率又广泛多层制度化的基层协商民主新局面。目前,全市56个乡镇(街道)、993个行政村和25个社区建立了民主协商会组织,聘请协商员(议事员)达36000人。另外,全市56个乡镇(街道)民主协商会组织在具体实践中挖掘出了社情民意工作室、同心会客室、圆桌会商、意见建议直通车、网络e政厅等支渠道,吸纳参与协商群众达20万人次。

2. 激活了基层协商善治"细胞核",促进了基层治理体系和治理能力现代化。统战性"1＋X＋4"基层协商模式,打通了统一战线"协商、民主、包容、共赢"理念贯穿到基层社会领域的通道,顺应了广大民众的民主愿望,为更广泛的基层群众有序表达利益诉求、协调平衡关系、解决意见争议提供了多层次制度平台,最大限度地扩大了公众的知情权、参与权、表达权和监督权,促进了党委政府在决策上由封闭式向开放式转变,在治理模式上由堵向疏转变、在民主政治上由"为民作主"向"让民作主"转变,推动形成了党委领导、政府运行、社会联动、群众协商的多元共治模式,达到了基层群众"民事、民议、民决、民办"的自觉自愿效果,促进了社会包容共生、和谐共处。以前常对政府工作冷嘲热讽的临海市白水洋镇议事员李昌枝深有感触地说:"以前干部总指令我们干这干那,不舒坦;现在能跟我们商量,气顺了,对台戏少了,干群合力干事就多了。"2015年,临海市镇、村两级全面推行民主协商议事制度,当年全市信访总量批次就同比下降11.9%,越级上访批次同比下降19.3%,其中进京非访同比下降50%。

3. 画大了基层统一战线"同心圆",巩固了党的阶级基础和群众基础。统战性"1＋X＋4"基层协商模式,特别是建立的乡镇(街道)民主协商会组织,相当于在乡镇(街道)建立了类似政协的最广泛乡镇级爱国统一战线组织,有效地替补政治协商、参政议政、民主监督和政治安排在乡镇级的断档,不仅强化了基层统战职能,畅通了基层社会各界人士代表有序政治参与的制度化渠道,增强了基层党的统一战线凝聚力、向心力,而且有利于发现培养更多的基层群众代表,特别是游离于体制外的"能人",并包纳到党的统一战线旗帜下,扩大了党的统一战线团结面,巩固发展了最广泛的爱国统一战线。目前,全市共聘请党外协商员(议事员)22000名,并纳入乡镇级统一战线工作范围,建立乡镇(街道)党外知识分子联谊会组织68家和社区、学校、医院、规模企业等企事业单位知联会分会(小组)240家、乡镇(街道)商会78家、乡镇(街道)乡贤联谊会20家,覆盖成员达3万人。

四、创新启示

1. 强化统战思维,解决好"协商由谁来抓"的问题。基层协商是区域综合性协商,又是新探索领域,中发〔2015〕3号文件只强调党的领导,没有明确谁来主抓,导致当前基层协商"无牛拉车、原地不动"或"五牛拉车、不知所往"的局面。统战部门"跳出统战"抓基层协商,运用统一战线的理论理念、价值取向、渠道平台、方式方法、程序规则等来引领和推进基层社会各界人士的协商,以理论和实践成果来取得统战部门主导推进基层协商民主建设的地位,形成基层协商民主和基层统战工作"互融共赢"的新局面。

2. 构建协商渠道,解决好"在哪里协商"的问题。统筹好提高效率和发扬民主的关系,既要注重效率,坚持以代表人士为重点,建立乡镇(街道)民主协商会组织,推动精英协商,又要兼顾广泛性,坚持以基层群众为主体,不断探索以乡镇(街道)民主协商会组织为主渠道的统分结合的多样化多层次民主协商支渠道,形成以乡镇(街道)民主协商会组织为主渠道、以代表人士为引领,延伸到村居社区、企事业单位的广泛、多层、常态化且富有效率的基层协商网络。

3. 落实协商主体,解决好"谁来协商"的问题。统筹好协商主体的代表性与广泛性,参加协商的代表要涵盖基层党组织、机关企事业单位群团、村(社区)群众、民营企业、社会组织、有一定威望的乡贤等"六类"社会群众代表。同时要兼顾民主协商公平性和科学性原则,通过设置"X"非固定成员,视情况邀请涉及协商议题的利益相关方代表和相关专家学者、专业技术人员、第三方机构参加。

4．明确协商内容，解决好"协商什么"的问题。按照协商于民、协商为民的要求，根据基层经济社会发展实际，针对不同渠道、不同层次、不同地域特点，合理确定协商内容，重点应把"四公一热"即重大公共决策、公共事务、公共利益、公益事业和民生热点难点问题纳入基层协商范围。

5．规范协商程序，解决好"如何协商并保障协商出成果"的问题。围绕协商前、协商中、协商后三个重要环节，进一步健全"协商议题的提出和确定、协商活动的准备、协商活动的组织、协商成果的报送、协商意见的处理和反馈、协商成果的跟踪问效"等程序规范。特别是要建立健全协商成果办理和反馈制度，确保协商"说了不白说"。

农村产权交易示范平台建设

德清县农业和农村工作办公室

2014 年以来,德清县按照省委、省政府整体部署和要求,以城乡体制改革试点为契机,开展农村产权制度改革,在农村产权、"农地入市"等改革方面取得了明显进展,有效突破了城乡二元结构,城市化率达到 65％,农业适度规模经营比重达到 73％,农村居民人均可支配收入比全省平均水平高出 18％,形成了城乡体制改革的"德清样本"。德清也被中国经济体制改革杂志社评为"中国改革 2014 年度十大改革案例单位",《人民日报》等中央媒体报道德清先行先试改革成果达 30 余次。

一、实施背景

2014 年以来,通过先行先试,全县搭建了"四位一体"的农村产权交易平台服务体系,各镇(街道)积极整合资源,依托公共资源交易中心,建立了镇(街道)农村产权交易分中心,积极开展农村产权流转交易,经过一年多的试运行,取得了一定成效。对照建立农村产权制度的要求,明显存在交易业务开展难,流转交易量小,信息发布、交易服务等环节不规范,镇(街道)流转交易分中心和村级服务站农村产权交易平台未纳入标准化建设等问题,开展农村产权交易示范平台创建,有利于实现农村产权交易管理模式、网络平台、信息发布、交易标准和交易规则的规范统一,为农村产权交易市场的健康发展奠定良好基础。

二、主要做法

一是建立组织,明确责任分工。成立由县政府分管副县长任主任,农办、政府办领导任副主任,发改委、行政服务中心等 13 个相关部门分管领导为成员的德清县农村综合产权流转交易管理委员会,管理委员会下设农村综合产权流转交易中心,各镇(街道)也建立相应组织和机构。

二是搭建平台,构建四位一体的流转交易平台。建立县农村综合产权流转交易中心,按照"统一平台建设、统一信息发布、统一交易规则、统一交易鉴证、统一监督管理"模式运行,为农村各类产权流转交易提供场所设施、信息发布、组织交易等服务。目前有 10 类农村产权纳入交易体系。建立镇(街道)农村综合产权流转交易分中心,负责所在镇(街道)农村产权交易信息的收集、录入和资料报送,承担县交易中心授权的流转交易,负责村(社区)服务站指导管理。建立村级综合产权流转交易服务站,负责所在村(社区)产权流转交易基础信息的采集,公开产权流转交易动态信息。建立农户显示平台,以农户家庭有线电视现有农村"三资"信息公开窗口为依托,设产权流转交易动态信息显示模块,将产权流转交易动态信息进入农户家庭,方便群众,增强透明度,扩大社会影响力。

三是出台政策,完善流转交易机制。建立涉及农村各项综合产权流转交易各个环节的工作机制,目前已出台《德清县农村综合产权流转交易管理办法(试行)》等 24 个办法、规则,确保农村综合产权流转交易顺畅。

四是注重应用,加快数据收集。农村综合产权流转交易网络平台于 2014 年 6 月 19 日投入试运行,完成全县农村产权数据库录入工作,目前共录入土地流转信息、村股份制改革后股权信息 32.7 万条。

三、绩效评价

目前已有十类权种进入流转交易平台,初步实现农村产权资源要素高效、合理、顺畅流转。2016 年 5 月,湖州市农村改革专题研讨班选择德清县禹越镇、新安镇为现场教学点,德清县农村产权交易示范平台的做法得到充分肯定。

一是流转交易全覆盖。县农村综合产权流转交易体系涵盖县、镇(街道)、农村、户四级,实现了四级互动,通过信息公开,实现了公平、公正流转交易。到 2017 年 3 月底,累计完成农村产权交易 1122 笔,交易 3.36 亿元。其中土地 604 笔,5960.26 万元;林地 66 笔,671.4 万元;水利 29 笔,7600 万元;三资交易 320 笔,2941.58 万元;集体经营性建设用地入市 100 笔,1.64 亿元;其他 3 笔,12 万元。

二是赋权活权孵化器。农村综合产权平台体系的建立为农村金融创新提供了有效载体,目前全县 12 家银行创新推出 16 项"三权"抵押贷款产品,已累计发放"三权"抵押贷款(组合)2962 户,金额 8.47 亿元。如钟管镇沈家墩村种粮大户房春华用"农村土地流转经营权证"贷款 100 万元,新购置了 2 台烘干机、1 台碾米机等设备,彻底解决了扩产增收的后顾之忧。三合乡吴越水产养殖公司法人代表归毛头,用自家的农房、土地经营权以及在三合集体经济合作社的股权向县农商行申请抵押贷款,获得 200 万元的贷款额度,解决了改造鱼塘、购买鱼苗和饲料的流动资金难题。

三是实现农民增收。全县村土地(林地)股份专业合作社 131 家,对集中联片土地,通过产权交易平台,既有利于出租,又有利于提高价格,其公开挂牌平均价格为每亩 1000 元/年左右,最高达每亩 1600 元/年。农村产权顺利流转,也促进了村级集体经济发展壮大,如新市镇士林一集体鱼塘使用权通过交易中心公开发包,租金从原来 5.6 万元提高到 30 万元;2015 年 9 月,洛舍镇砂村村集体经营性建设用地使用权全省首宗公开拍卖达到每亩 1.44 万元/年;西部山区农户农房依托民宿经济发展,流转出租挂牌价格提高到目前的每户 5 万元/年。农村集体资产通过公开交易增值 25% 以上,农村集体经营性建设用地入市给农村集体经济增收 1.32 亿元,有效保障了农民切身利益。

四、创新启示

改革是解决发展难题的重要手段。正所谓不破不立,当我们的发展面临困境之时,只有勇于改革创新,才能获得发展新机遇。

一是改革要因地制宜,不能一刀切。改革不能简单地照搬别人的经验,各地都有自己的特殊情况,特别是地方政府在推动当地经济社会改革时,一定要依照当地的区域条件、经济发展水平、干部群众的实际要求等具体条件,既积极主动、又实事求是地进行创新改革。德清县以新安镇、禹越镇为试点,以点带面,为全县范围搭建农村产权交易示范平台开好了头、起好了步。

二是平台需要信息公开。村(社区)服务站都设立服务窗口,电子显示屏公开产权流转交易信息,并接入每个农户家中的有线电视,使农户在家中就能看见交易相关信息。产权交易网站的建立,使交易更加公平、公正、公开。

三是平台需要规范统一。交易平台可能会出现信息发布、交易服务等环节不规范等问题,通过统一平台建设、信息发布、交易规则、监督管理的方式,建立权责明确、保障严格、流程规范、监管有效的农村产权流转示范平台,构建县、镇(街道)、村和农户四级统一的交易管理体系,推动农村产权的规范、有序、公平交易。

海岛医疗服务联盟

舟山市卫生和计划生育局

舟山网络医院启动以来，共汇集各类医疗专家、全科医生 1600 余名，开展远程医疗服务 23.34 万人次，医务人员之多、覆盖面之广，这样把远程服务延伸到渔农村、偏远小外岛的做法在全国尚属首例。舟山市的这一做法，得到了国家部委、院士专家的充分肯定，受到了广大群众的欢迎。国家卫计委主管的《健康报》先后两次专版刊登了《网络串联舟山群岛医疗服务》和《网络医院让孤岛不"孤"》，向全国系统推介了舟山市的做法和经验。最近腾讯研究院等多家研究机构联合发布《2016 中国互联网医院白皮书》，首次对互联网医院进行排序，将舟山群岛网络医院列为中国第四家互联网医院，其成立早于乌镇互联网医院。

一、实施背景

（一）新形势下深化医疗卫生体制改革工作亟待破题

2009 年，中共中央、国务院首次在《关于深化医药卫生体制改革的意见》中将卫生信息化列入医改"四梁八柱"之一，并提出"积极发展面向农村及边远地区的远程医疗"。党的十八大作出了《关于全面深化改革若干重大问题的决定》，明确指出要"完善分级诊疗模式，充分利用信息化手段，促进优质医疗资源纵向流动"。而后，党中央、国务院先后密集性地出台了一系列政策文件，作出了顶层设计，明确国家对信息科技支撑医改，改善医疗民生需求的方向和要求。2011 年，舟山市成为当时卫生部卫生信息化试点，建立起市县两级的卫生信息化平台。2013 年，又争取国家科技惠民项目，得到了中央和省级财政支持。为深入贯彻落实党中央、国务院关于深化医药卫生体制改革的精神，近年来，舟山市通过实施"数字卫生"工程，争取科技部科技惠民项目，运用互联网＋医疗技术，努力突破城乡、区域、交通等限制,整合市、县(区)、乡镇、社区(村)四级医疗资源,打造了线上线下协同远程医疗服务体系。

(二)"双下沉、两提升"工作的浙江实践亟待落地生根

浙江省委、省政府早在 2012 年底就作出了开展"双下沉、两提升"工作的决策部署。2014 年 12 月,习近平总书记在江苏视察时指出,要推动医疗卫生工作重心下移、医疗卫生资源下沉,推动城乡基本公共服务均等化,为群众提供安全、有效、方便、价廉的公共卫生和基本医疗服务。2015年 4 月起,省委、省政府每年召开专题会议和现场推进会,省委书记、省长均亲自参会,全面研究部署全省"双下沉、两提升"工作。由此可见,"双下沉、两提升"已作为国家、全省一项重大改革措施,受到了党中央、省委的高度重视。2016 年 8 月 19 日,在全国卫生与健康大会上,习近平总书记又明确指出"要上下联动,开展远程医疗,把大医院技术传到基层,把大医院医生引到基层,为城乡居民提供立体化、连续性的健康管理和基层医疗服务"。为此,舟山市委、市政府认真贯彻党中央和省委、省政府的决策部署,连续两年把推进舟山群岛网络医院建设列入全市十大为民实事项目,2016 年还纳入了市委"树标杆、补短板、求突破、走前列"大行动部门年度重点突破责任清单。

(三)海岛群众"看病难、看病贵"的现实问题亟待破解

舟山市地理环境非常特殊,全境由 1339 个大小岛屿组成,常年有人居住岛屿 103 个,其中万人以上岛屿 12 个,是全国最大的岛群。由于受海岛居住点分散、岛际交通不便、气候条件相对恶劣等因素制约,海岛地区医疗资源配置不均衡、城乡优质医疗资源共享性差、基层医疗机构服务能力相对较弱,以及偏远海岛居民外出就医成本高等问题,使得"看病难、看病贵"等问题尤为突出。同时,基层医疗资源相对薄弱,优质卫生资源共享性差,导致医疗卫生服务效率较低,医疗应急服务难以得到有效保障。如何解决海岛群众看病难的"短板",一直是各级政府致力于重点突破的重要民生难题。信息化、互联网＋建设的不断推进,成了舟山市解决群众看病难的重要契机。2015 年 7 月,舟山群岛网络医院正式启动。通过网络医院运行一年半的实践,网络医疗应用领域和范围不断扩大,工作机制基本建立,远程医疗在方便群众就医、提高医疗服务质量、改善卫生

服务可及性、提高基层卫生服务能力等方面的技术支撑作用显现,构建了海岛线上医疗服务联盟,夯实了"双下沉、两提升"工程,已成为舟山市深化医改的新引擎,探索了一条切合舟山实际的卫生与健康发展的新路子。

二、主要做法

（一）健全高效化的运行保障机制

一是建立运行管理机制。从舟山实际出发,成立舟山群岛网络医院管委会及办公室,全面负责日常协调管理工作,并建立健全远程会诊、远程门诊、远程辅助诊断、远程教学等管理办法,制订开展服务的医疗机构资格审定程序,出台服务申请、受理调度、预约安排、结果反馈、事后评价等一系列远程医疗服务操作制度,建立远程医疗服务风险事前控制、事中界定和事后处理的办法。二是建立项目资金筹集保障机制。借助国家科技部的科技惠民项目,争取到中央和省级财政支持 2040 万元。同时,通过项目引领,得到 2 家 IT 企业 570 万元研发投入,总资金达到 5000 余万元,实现了不完全依赖政府财政投入的设想。三是建立多部门工作联动机制。舟山市政府将其列入重点为民实事项目,卫计、发改、财政、社保等多部门联合出台收费、报销、补助、绩效考核和分配等多项政策,鼓励、引导具备条件的医疗卫生机构以及病人参与远程医疗服务。2016 年财政补贴给医务人员近 100 万元。

（二）构建全链式的线上医疗卫生体系

一是建立线上医疗服务中心平台。目前全市网络医院已设立 6 个市级远程医疗服务中心,下联 52 个基层远程医疗服务站点,服务网络已覆盖所有公立医院、社区卫生服务中心和乡镇卫生院。二是完善线上医疗服务功能。共设立内分泌科、心脑血管科等 13 个远程专科,提供点对点远程专家门诊、临床会诊、放射诊断、心电诊断、社区预约挂号和双向转诊等六大服务功能。三是整合线上优质医疗资源。网络医院已有 100 余名副高以上专家、1600 余名责任医生在平台上注册服务,并在线下的实体医院注册备案和线上排班挂网,实行定期"网上坐诊",方便群众就诊、咨询。

（三）完善等质化的网络分级诊疗机制

一是优化便捷网络诊疗流程。患者可通过网络医院平台,自主选择并预约 6 家远程医疗服务中心的专家，在基层卫生院接诊医生的初步检查基础上，共同听取预约专家诊疗意见，实现在"家门口"就诊看病。二是实施同等医疗质量控制。为 24 家乡镇、社区和村卫生院（中心）配备"CR""DR"和数字化心电图设备。当基层医生难以明确诊断时，可将放射影像和心电图资料发送至远程服务平台，由上级专家作出诊断。上级专家定期对基层的诊断资料进行同等质量控制，填补了部分基层医疗机构因缺乏专科医生造成的服务空白。三是明晰网络医疗服务同质同责。制定实施了网络诊疗同质同责制度，合理划分责任界限的服务流程、诊疗规范，使分级诊疗制度更加顺利得到实施。

（四）建立网络化的医疗资源下沉渠道

一是引渠市外优质资源对口支援。建立省级专家网上咨询机制，打通省级医疗资源下沉通道，通过网络对偏远海岛疑难杂症等问题及时解答、指导。2016 年 10 月 25 日，舟山医院与树兰医院开展远程医疗合作，44 位院士、1000 余名国内外医疗专家为海岛群众提供疑难杂症的远程视频诊疗。二是提升基层医学教育服务。建立运行市、县两级远程医学教育平台，由高年资医师（主治医师以上）定期为海岛县级医院提供网络医学教育，推动基层卫生机构逐步承担起城市医院的一般门诊、康复和护理等服务，实现了医疗服务的"虚拟"下沉。三是推进县、乡、村网络双向转诊通道。基层卫生机构通过双向转诊和预约诊疗信息系统，合理地安排好社区群众看病就诊时间，准确区分疾病种类和诊疗科室，为基层病人提供比线下实体医院更"看得见、摸得着"的远程医疗服务共享。

（五）建立优质化的资源集聚共享机制

一是推动医疗数据实时共享。在全省率先建成市、县（区）两级卫生信息平台，以及电子健康档案、电子病历两大数据库，实现了实时互联共享。二是推动诊疗服务统一预约。目前，市内二级以上公立医院全面接入统一预约诊疗服务平台。市级医院已开展分时段预约、自助服务、移动医疗和诊间结算等智能终端服务。三是推动社区家庭健康普惠便民。开发了"健康舟山"门户网站、掌上健康 APP，开通了网络医院手机微信公众号，使远程医疗服务更加便捷。2017 年 3 月 28 日，"健康舟山"公众服务平台正式上线，向居民提供预约诊疗、医学报告和健康档案查询、家庭医生签约申请、居家健康监测和健康教育等服务。

三、主要成效

（一）提升了优质医疗资源共享

通过网络医院平台，有效改变了传统的医疗卫生信息相互隔离，以及患者重复检查、重复用药等现象，实现了医疗资源的双向流动，从而解决了海岛卫生资源配备不足、卫生服务可及性差和卫生人才短缺带来的实际问题。自运行以来至 2017 年 3 月底，累计为海岛居民开展远程专家门诊 3980 例，远程临床会诊 452 例，远程放射诊断 121030 例，远程心电诊断 5264 例，社区预约挂号 1710 例，双向转诊 101742 例，受到广大群众的欢迎。2016 年，基层门急诊量占比达到 51%，比上年提高 7 个百分点。

（二）改善了海岛百姓就医体验

以前海岛居民出岛看病，极易受冷空气、大雾等天气因素影响，外出就诊费用高、耗时长。一些慢性病、常见病、多发病集中到上级医院就医，也加重了城市医院的诊疗压力。借助网络医院服务模式，可以有效降低患者就医成本，给海岛群众带来更省钱、更方便、更优质的就医体验，让病人少跑腿、少受累、少排队、少花钱。据不完全统计，启动以来，为海岛患者年节省支出 2950.8 万元，其中减少看病过程中的非医疗支出 2388.5 万元，减少直接医疗支出 562.3 万元。人均每门诊时间减少约 15 个小时。

（三）提高了医疗协同服务能力

通过远程专家门诊、远程会诊、预约挂号等形式，建立了不同医疗机构医务人员与患者之间的信任和依赖关系。通过上级专家的远程诊疗，以及远程放射诊断、远程心电诊断等服务，填补了部分地区无优质医疗资源的服务空白。基层医务人员通过远程会诊平台，可长期接受上级专家指导，提高基层医疗服务水平。一年来，通过网络医院的远程会诊系统，共抢救重症患者 26 人次，临床会诊 452 人次，为患者及时得到救治赢得了宝贵时间。

三、第四届浙江省公共管理创新案例优秀奖

"以外调外"的涉外纠纷调解做法

义乌市司法局

随着义乌经济外向度的不断增加,涉外经济矛盾日益呈现出复杂性、多样性、专业性、面广量大等特点。为了切实维护商城和谐稳定,2013 年 5 月,义乌市开创性地设立了全国首家涉外纠纷人民调解委员会,大胆创新"以外调外"的模式,聘请在义乌诚信经商、熟悉多种语言的外籍人士参与涉外纠纷调解工作。截至目前,义乌市涉外纠纷人民调解委员会已建立了一支由来自 20 个国家的 23 名外籍调解员组成的多元化、专业化、规范化的涉外纠纷调解队伍,目前共调处涉外纠纷 340 起,涉案金额 5268.85 万元,调解成功率 96.7%,为中外客商挽回经济损失 2786.54 万元。2016 年,时任司法部部长吴爱英、时任浙江省委书记夏宝龙等领导专程考察了义乌市涉外纠纷调解工作,对该项工作表示充分肯定,并要求在全国推广调解经验。中央电视台《新闻联播》、《人民日报》、新华社、阿拉伯半岛电视台等国内外媒体也对义乌的涉外纠纷调解工作进行了 40 余次报道。

一、实施背景

义乌市作为"世界超市",经济外向度较高,全市共有来自 100 多个国家和地区的境外常住人口 1.3 万余名,境外企业常驻代表机构 5300 余家,每年临时入境人员 50 余万人次。随着国际贸易综合改革试点深入开展和中欧班列(义乌)的开通,各种涉外民间交往活动更加频繁,涉外矛盾纠纷也随之不断增加。如果寻求司法途径解决,程序复杂、时间长,很多当事人都会优先选择调解的方式。遇到外国客商没有翻译、语言不通的情况,通常会先找个翻译再居中调解。但是,这种调解方法成本较高,直白的翻译也可能造成矛盾的激化。

针对涉外纠纷主体特殊、复杂多样、政策性强等特点，2013年5月，义乌市开创性地设立了涉外纠纷人民调解委员会（以下简称"外调委"），让外国"老娘舅"参与"中国式"矛盾纠纷解决，有效维护了市场和谐稳定。

二、主要做法

（一）多元主体，多种方式，大胆创新纠纷调解新模式

1. "以外调外"破除涉外纠纷障碍。涉外纠纷因其主体的特殊性和法律关系的复杂性，充分沟通尤为重要。为解决沟通难题，外调委大胆聘请在义乌经商的外籍人士为涉外纠纷调解员。目前，外调委已建立了一支由来自20个国家、23名外籍调解员参与的多元化、专业化、规范化的涉外调解队伍。这些调解员均精通多种语言，较为了解对外贸易中报关、清关、出关等外贸环节，便于分析对外贸易中产生的一些纠纷。外籍调解员在语言和文化上的优势，也更容易得到外籍当事人接受和信任，有力地推进了纠纷的化解。此外，外调委还在外籍人员较多聚集的地点设立了两个外籍调解员个人调解工作室，为中外客商各类纠纷的咨询服务带来更大便利。

2. "双管齐下"确保调解队伍素质。外调委在吸收外籍调解员时严格把好"三关"。一把语言关，要求必须至少精通包括中文在内的三种语言；二把诚信关，审查该外籍人士在中国有无违法违规记录；三把业绩关，必须在中国有正式注册的贸易公司，经营业绩和信用情况良好，且其在本国人员中有较高的声望。通过以上的层层筛选，有效地保证了外籍调解员的素质和能力。同时，外调委注重强化外籍调解员调解能力，通过开展专题培训，组织调解员学习进出口贸易、合同、知识产权等相关法律知识，提高外籍调解员理论水平，定期邀请知名调解员"以案说法"传授调解方法和技巧，增强外籍调解员对常见纠纷的调解能力。

3. "多元交流"促进民俗文化交融。外调委致力于增进国际民族文化交流，组织外籍调解员多次举办、参与各类文化交流活动，每年一次组织夏季军训活动，通过规范管理提升中外调解员组织纪律性，加强了他们的法治意识、团队意识和服务意识。多次举办中外人士篝火晚会、法制宣传、志愿服务等活动，通过这种"联合国派对"，在促进各国文化的求同存

异、相互交流、相互学习的同时,传播了中国兼容并包的"和"文化,有力地促进了中外人士文化、思想、理念上的相互融合。

(二)立足实效,注重规范,积极创设涉外调解新方法

1. 加强部门联动,开展委托调解。近年来,分别与义乌市检察院建立了检调衔接机制,就涉外刑事案件的民事调解工作形成会议纪要;与义乌市人民法院建立涉外案件诉调衔接机制,落实人民调解协议司法确认制度;与义乌市公安局建立涉外案件治调衔接机制,明确涉外治安案件的调解范围、组织机构、对接程序和工作职责。通过建立各类衔接机制,法院、检察院等部门需要进行调解的涉外案件,可以委托外调委进行诉前调解,利用外籍调解员的语言和国籍优势,达到定纷止争的良好效果,有效节约司法资源,提高办案效率。

2. 整合线上资源,开展网络调解。依托现有公共法律服务的线上资源,提供网上学法、网上问法、网上调解等服务。通过"义乌微司法""义乌普法""义乌涉外纠纷人民调解委员会"等公众号,及时发布涉外贸易法律风险信息提示。重要法律信息的发布采用中文、英文、阿拉伯文等多种文字,方便外籍人士及时了解涉外调解的工作信息和普法知识,达到强化预防、减少纠纷、迅速解决的良好效果。

3. 拓展国际合作,开展联合调解。与苏丹苏中友好协会签署国际贸易纠纷联合调解合作意向协议,该协议经苏丹有关部门批准后将正式生效,成为我国国内首个跨国贸易纠纷联合调解机制。协议明确:外调委受理涉及中方与苏方当事人间的纠纷申请后,可向苏方寄送协助调查调解函,由苏方负责联系当事人进行调查或调解,达成意向后,由中苏双方调解员在场确认双方真实意思表示并签署意见,再通过双方互换函件签署调解协议。苏方受理的中苏当事人间的纠纷也可通过以上方式委托中方进行调解。这种合作机制,有效破解了跨国调解困境。

(三)加强合作,整合资源,大力探索纠纷解决新机制

1. 建立"1+1"法律服务结对机制。涉外纠纷因其法律关系的特殊性,在调解的过程中往往会碰到法律难题,需要专业指导。为此,外调委与义乌市律师协会建立合作协议,确定由 1 名以上律师免费联系 1 名外籍调解员,随时为外籍调解员们提供法律咨询和帮助。同时,由律师协会

选派有一定外语水平、从业经验丰富的律师坐班外调委,随时解答调解过程中遇到的法律问题。

2. 建立"1＋X"部门协调联动机制。为完善涉外纠纷动态分析研判机制,外调委积极探索建立了涉外纠纷人民调解联席会议制度。成员单位由义乌商城集团、公安、检察、法院、司法、海关、检验检疫、外侨、商务、市场监管、工商联等组成。成员单位每半年召开一次工作例会,遇到重大个案、阶段性重大疑难纠纷随时召开会议。联席会议主要帮助解决调解过程中的实际困难,分析研判涉外纠纷动态,研究涉外矛盾纠纷发生、发展以及变化规律,增强涉外矛盾纠纷排查化解的针对性和有效性。

3. 建立"1＋N"调解结果应用机制。一方面,为有关部门提供决策参考。对于调解过程中发现的一些苗头性、倾向性信息,外调委及时组织开展专题调研,剖析深层原因,形成对策建议,并交由相关涉外部门作为决策参考,以共同维护市场和谐稳定。另一方面,为商户防范经营风险。外调委的调解员们肩负"涉外调解员"和"涉外普法志愿者"双重重任。在调解过程中,对当事人开展相关法律法规知识学习活动。在调解完成后,给境外人员发放英文版法律知识手册,实现调解与普法双管齐下。截至目前,共发放中外文卡片、资料 3.5 万余份,举办外籍调解员参与主讲、多国语言同步翻译等形式的普法讲座 15 余场,受教育人数达万余人。

三、创新启示

(一)涉外纠纷调解以点带面,促进社会转型发展

"以外调外"的调解模式具有突出的语言和信赖优势,边调解边普法,有利于预防和减少涉外矛盾、和平高效化解涉外纠纷,为社会的和谐稳定、增加经贸往来提供良好的法治保障,也有利于经济信息的集中反映,为政府决策、经济活动提供参考。

(二)创新多元纠纷解决方式,提升法治治理效果

探索建立跨区域纠纷联合调解机制,拓展与国内城市和外国民间组织的合作,创新诉调衔接、检调衔接工作机制和方法,加强部门间的信息互通、工作互联,进一步提高涉外纠纷解决的效率和效果。

(三)多元主体参与社会治理,增进国际交流合作

引导外籍人士自觉参与社会纠纷化解、法制宣传和文化交流等活动,

为他们搭建了一个学习中国法律、传播世界文化的平台,有利于调动和发挥多元主体参与社会自我管理、自我服务的积极性和创造性,保障了中外人士的合法权益,也带动了与其他国家和城市的友好往来,促进了民间交流与合作。

打造交警指尖"服务台"

温州市公安局交警支队

一、实施背景

（一）为破解驾驶人和交警痛点

近年来，温州机动车和驾驶人急剧增加，保有量双双突破 200 万，市区每百户家庭汽车保有量常居全省第一，每年处理各类交通违法 400 多万起，办理各类车驾管业务 200 多万起，给交通管理带来了巨大的压力。一方面，人、车、路发展太快，"交通拥堵、事故多发、办事不便、态度不佳"等成为广大驾驶人的痛点问题，群众在办牌办证、处理违法和事故时经常遇到"排长队、冤枉路、跑断腿"等问题。另一方面，警力数没有跟上，事多人少，管理和服务难免顾此失彼，"警情量不堪重负、办事情流程烦琐、宣传教育没实效、老百姓说不满意"成为交警的痛点问题。虽然各级交警通过增设窗口、加班加点和网上办事等举措在一定程度上提升了服务水平，但警力一时难以大量增加，加上传统电脑页面服务不能满足移动互联网时代的快捷要求，迫切需要用更智能、更高效的手段推动交通管理服务的转型升级。

（二）为顺应互联网发展的潮流

随着以移动互联网技术为代表的即时通讯、实时互动、网上支付等功能迅猛发展，微信等新媒体应用日益普及并呈爆炸式增长。目前全球微信用户已突破 10 亿，平均每天登陆人数达到 8 亿，微信已不仅仅是传播信息的工具，更是渗透到生产生活各个领域，深刻改变了人民群众需求和公共服务供给的对接方式。广大群众迫切需要公安机关以及各级政府更多更好地运用"温州交警"微信服务平台这类创新的移动互联网技术，提供更加简便的办事流程、更加丰富的公共产品、更高品质的警务服务。

2014 年 6 月,温州交警在全省率先推进手机微信服务平台建设,在掌上便民服务、执法管理、警务宣传、警民互动等方面深度应用,有效破解了机动车急剧增加带来的警力不足、效率不高、办事不便等难题,平台用户已达到 260 万,成为 1.2 万个全国公安政务微信中首个用户突破百万和用户最多的平台。"温州交警"微信创下了许多全国、全省第一,在提高公安政务服务效能、构建和谐警民关系方面发挥着重要价值和作用,形成了政府部门政务微信服务的"温州交警模式",为全省乃至全国政务服务改革作出了有益的探索。

"温州交警"微信

致力打造新型"互联网＋交警服务"

"温州交警"微信公众号关注用户总数260万

全国政务微信服务号和全国公安微信第1位

已办理各类交管业务 500 余万起

二、主要做法

"温州交警"微信平台现有"星级用户""便民服务"和"警民互动"三大菜单,提供交通违法查询处理、事故快速处理、路况查询、智能移车、掌上车管业务办理等 77 项服务,已占整个交警主要业务的 70%。

（一）微信上的办事服务

"温州交警"微信平台提供了 77 项交管及与市民出行有关的服务,真正让群众多走网路、少走马路。推出星级用户、掌上车管所、便民服务大厅等功能后,群众足不出户就能办理各类车驾管业务。

1. 星级用户。点击"星级用户认证"进入"用户绑定"页面。在"用户绑定"页面下,分别有"我的车辆"和"我的驾驶证"两个板块,用户可在此

星级用户

我的证	我的车	我的违法	我要缴费	我要举报
我的预约	我要搜索	我的车险	我查拖车	使用指南

便民服务

学习减分	事故快速处理	智他移车	掌上车管所	驾驶证查询
机动车查询	违法处理	电动车平台	拥堵指数	实时路况
热点路况	交通管制信息	泊车查询	去哪儿导航	公交查询
公共自行车	车检计算器	二手车估价	天气预报	虚拟游温州

警民互动

投诉建议	拥堵上报	信号灯建议	办事指南	掌上直播
设施故障上报	微信周刊投稿	交警微联盟	公安微联盟	政务微联盟

页面下分别进行绑定,从而完成星级用户认证。绑定驾驶证后,可以一键查询驾驶证信息、违法记录,并自动接收违法信息、换证信息、年审信息微信提醒服务。绑定了车辆后,可以一键查询车辆信息、车辆违法记录,并自动接收违法信息、年审信息、违章达五条后记录提醒微信短讯提醒服务。

2. 违法处理与实时缴费。可处理温州地区个人、单位车辆的非现场道路交通违法、浙江省内高速非现场道路交通违法以及温州市区由市行政执法部门录入的人行道违停等交通违法。并选择支付宝、银联等办理相应的缴费业务。

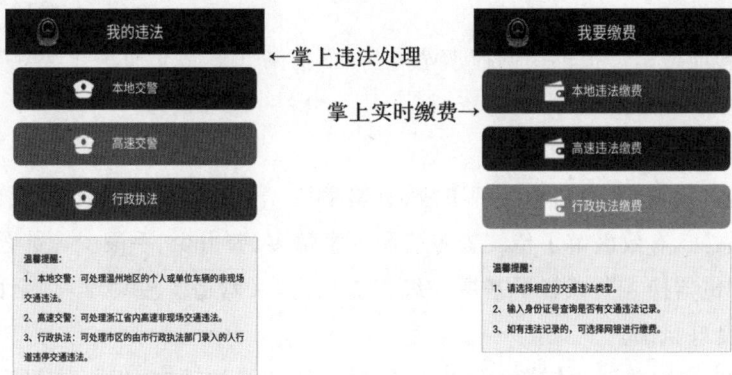

3.掌上车管所。可在线办理驾驶证补证、异地委托检验、预约考试、变更联系方式等十多项车管业务，避免了去车管所扎堆排队的麻烦。通过"我的预约"，还可预约补（换）领机动车行驶证、机动车登记证书、机动车号牌等服务，并可以自主选择所需办理的业务和时间。

4.交通出行服务

查拖车。可以及时查询车辆停放在哪个停车场，并获得停车场的位置及联系方式等信息，方便取车。还可以通过"我要施救"，寻求拖车救援服务。

智能搜索。提供一键搜索站内"办事指南""道路交通法律法规""交管业务""交通安全常识"等资料。

（二）执法办案

通过创新在微信上处理事故、有奖举报、学习教育、移车服务、微信报警等做法，有效破解了传统警务机制下警情多、警力少、手段少等难题，实现了"机器换人"，减轻了基层一线工作压力，又营造了主动学习、全民共治的良好氛围。

1.全国首创微信学习减分。针对传统学习被动、效果不佳的问题，依据《浙江省实施〈道路交通安全法〉办法》，开发了微信学习减分系统。

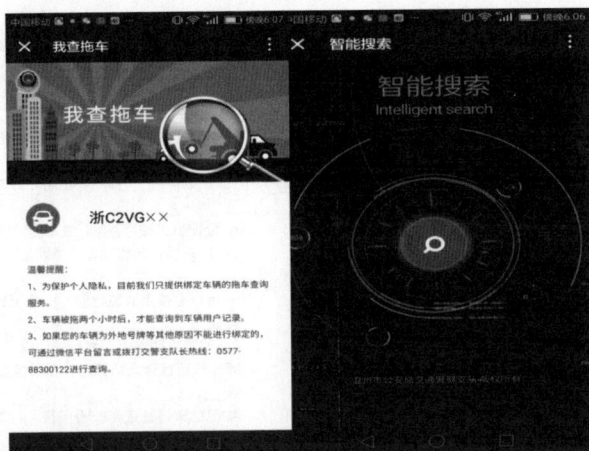

▲路况查询

　　不同颜色标注，用户分分钟掌握最新路况，为交通出行提供参考。

▲泊车查询

　　快速寻找用户周边的停车场及查询车位信息，为用户提供电动车交通安全常识。

▲公交查询

　　要公交出行，不知道坐几路车以及中途如何换乘该怎么办？点击即可查阅。

　　驾驶员在微信上接受交通安全知识学习教育、考试后，予以在一个周期内减记分2至4分。这项举措改变了传统的集中学习模式，提高了驾驶员学习的积极性，建立了从被动坐堂到主动学习的宣传新模式。开通以来，参加学习减分50万人次，减分28万分。

　　2. 全国首创微信处理事故。针对车损小、事故多发、处理流程慢的问题，开发了微信处理事故系统，当事人发生事故通过微信拍照上传固定

温馨提醒：认真学习本题库，将提升您的测试通过率。【加粗字体为正确答案】

1、机动车经____部门登记后，方可上道路行驶。
A 公安机关交通管理 B 国家工商管理

2、尚未登记的机动车，需要临时上道路行驶的，____。
A 可以直接上道路行驶 **B 应当取得临时通行牌证**

3、驾驶机动车上道路行驶，应当悬挂机动车号牌，放置检验合格标志、保险标志，并随车携带____。
A 机动车行驶证 B 身份证

4、应当报废的机动车必须及时办理____。
A 注册登记 **B 注销登记**

5、达到报废标准的机动车____上道路行驶。
A 可以临时 **B 不得**

▲用户只要参加道路交通法律、法规学习，顺利通过学习减分测试，答对9道题以上，就可以获得2张1分的减分券，一个记分周期可以学习2次，共减免4分！

证据后，立即撤离现场并约定时间到市区各大事故快速处理服务中心处理，既缓解轻微事故对交通的影响，又方便了群众。开通至今，已快速处理交通事故 22.2 万起，《人民日报》头版专门予以报道肯定。

3. 全国首创微信智能举报。针对交通违法普遍、管理力量不足问题，开发了"智能随手拍我要举报"系统，建立了有奖举报机制，让市民可以随时随地用手机、行车记录仪举报各类交通违法，系统可以自动识别举报拍摄时间、地点、车牌，对举报成功的粉丝通过抽奖奖励，营造了"人人都是参与者、人人都是管理者、人人都是交警队"的良好氛围。目前已接收各类群众举报 5 万余起，录入处罚 4 万余起。

4. 全省首创微信智能移车。

（三）警务宣传

专门成立"温州交警微信"工作室，推出以交通安全宣传为主，同时服务党委政府、公安中心工作的微信周刊，打造全民心防工程主阵地。自主

▲ "车可动，人无伤"的交通事故，用户可以上传事故现场图片，到就近的理赔中心快速办理理赔业务。

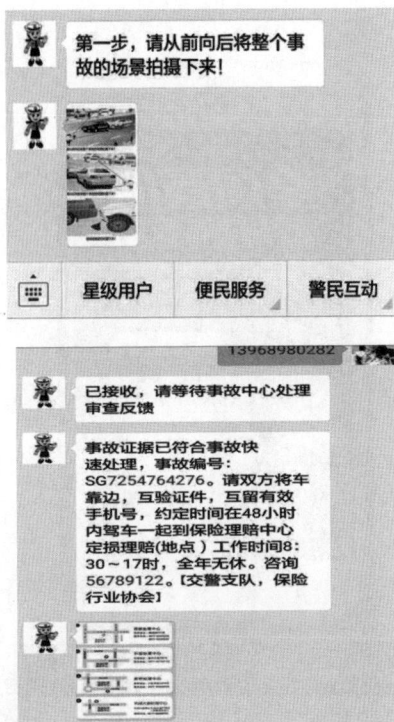

编辑并每周定期推送《温州交警微信周刊》，已发布 110 期，阅读量 3000万。第一时间发布交管政策权威解读，抢占舆论新高地，成为传统新闻媒体消息的发源地、群众日常浏览交通类微文章的首选。

（四）警民互动

针对交通管理热点，利用微信"点对点"沟通、投票调查和掌上直播等功能，开通投诉建议、拥堵上报、周刊投稿、交警掌上直播等功能。及时收集社情民意、倾听呼声、回应期待，用真诚来提升警队形象。开通以来，受理投诉咨询 2.9 万起，信号灯优化建议 1249 起，拥堵上报 1738 起，真正实现"指尖上的对话，手心里的服务"。新华网、人民网、新浪网等全国 50多家媒体多次报道"温州交警"微信成效。

▲"温州交警"微信全国首创"智能随手拍'我要举报'平台"。发现交通违法行为后，用户打开"我要举报"，根据提示拍摄上传照片视频，系统会智能识别拍摄时间和地点，点击提交。经交警部门严格审核后，会对违法当事人进行处罚。此外，用户还能参与"幸运举报人"的抽奖活动！

▲车被堵怎么办？点点手指，输入车牌，系统将自动通知车主来移车。

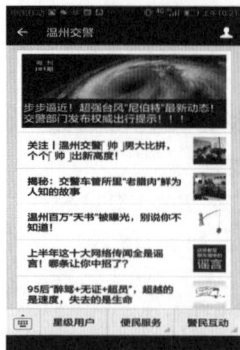

▲周刊第103期推出台风预警，头条阅读量仅八分钟就突破10万次，最终达46.9万多次，总阅读量为96.5万多次，总点赞数为1900个。

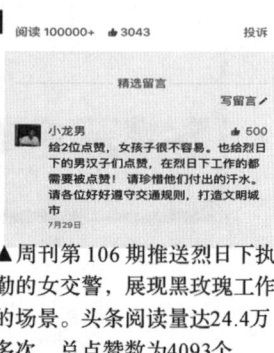

▲周刊第106期推送烈日下执勤的女交警，展现黑玫瑰工作的场景。头条阅读量达24.4万多次，总点赞数为4093个。

▲拓展粉丝互动渠道，架构警民连心桥。

三、创新成效

（一）掌上服务更便民

开通以来，微信"交警队"已办理各类交管业务近 500 万起，其中受理违法查询处理 330 万起，仅此一项，就相当于节省窗口办理时间约 55 万小时，节约警力 250 多人，节约群众排队时间约 660 万小时，减少全市每年 500 万车次的出行量，也减轻了城市出行压力。

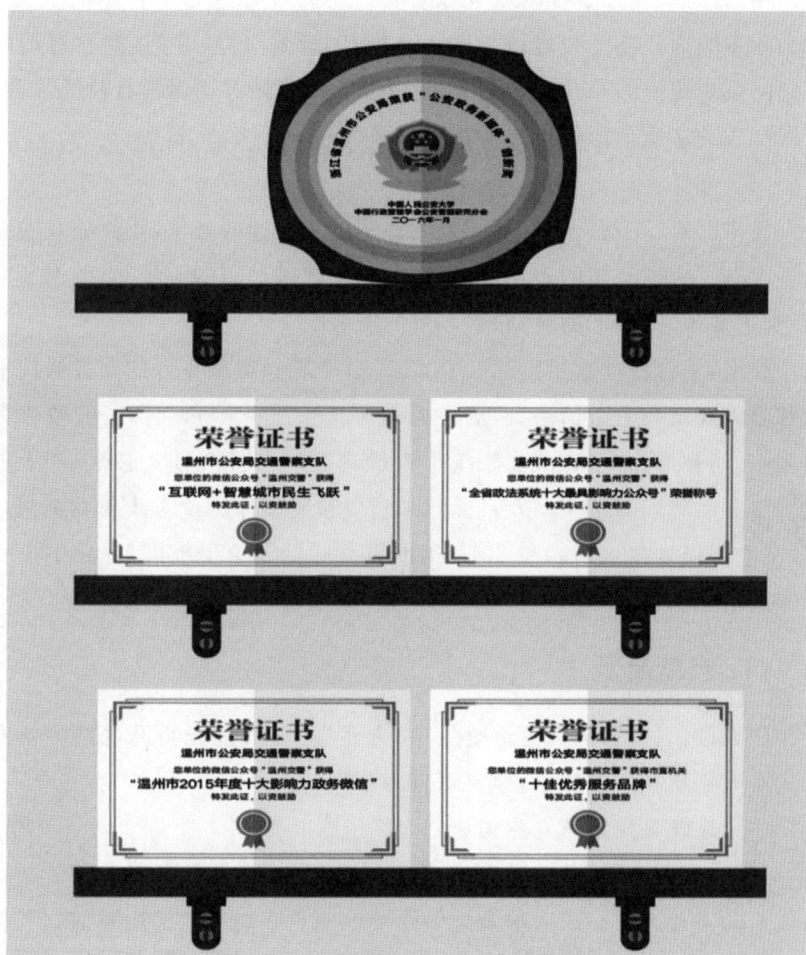

（二）手机执法更高效

通过创新在手机微信上处理事故、有奖举报、学习教育、移车服务、微信报警等做法，有效破解了传统警务机制下警情多、警力少、手段少等难题，实现了"机器换人"，减轻了基层一线工作压力，又营造了主动学习、全民共治的良好氛围。

（三）警务宣传更立体

直接将各类信息以图片、文字、声音、视频的富媒体传播形式推送到用户端，百万人在几分钟内就可以看到、读到，极大地提升了公安宣传传播力和影响力。已发布微信周刊110期，阅读量3000多万，现在每期的头条阅读量均突破10万，影响力排全国10万个政务类微信日榜第二位，排浙江省政法微信影响力周榜第一位。

（四）警民互动更亲密

凭借即时、互动、便捷的优势，拓宽了信息沟通的渠道，使得公众的意见诉求有了合理有序的表达渠道，有利于构建警民间的信任、降低沟通成本，真正实现"指尖上的对话，手心里的服务"。

目前，平台粉丝数量已达260万，是首个粉丝突破百万的全省微信平台和全国公安政务微信平台，居全国政务微信服务号和全国公安政务微信第一位，被评为"全省政法系统十大最具影响力公众号"、温州市"十佳优秀服务品牌"和"十大群众最满意项目"；被腾讯作为优秀政务案例写入《微信政务民生白皮书》，在2015年世界互联网大会上推广，并在中央和国家网信办联合举办的2016"网信中国"微信培训会上重点推广。

四、创新启示

建设微信"交警队"、打造指尖"服务台"是公安业务与互联网融合发展的重大创新和重要成果，蕴含着较为深刻的启示：

（一）改革要顺应民意导向

互联网已渗透到生产生活各个领域，深刻改变了群众需求和公共服务供给的对接方式。广大群众迫切需要政府更多更好地运用微信这类移动互联网技术，提供更加简便的办事流程、更加丰富的公共产品、更高品质的服务，建设微信"交警队"就是公安机关顺应时代潮流对人民群众新时期、新期盼的积极回应。

(二)改革要勇于大胆探索

温州交警从便民利民入手、简政放权、大胆改革,在全国率先推出利用微信学交规减分等管理新举措,并按照无微不至、入微体贴的理念,把可以上网的业务全部放到微信上,深受群众喜欢,也取得了全国关注使用用户最多的成效。实践证明,凡是符合有利于经济社会发展、有利于群众生活生产和有利于公安机关自身能力提升的创新,都应当积极探索,大胆尝试。

(三)改革要重视基层实践

活力源于基层,创新来自实践。温州交警的微信"交警队",其中用微信处理交通事故、随手拍举报违法等许多创新举措,都来源于一线,并引领了警务理念更新,以此推动现代警务机制创新。因此,必须不断坚持基层创新、全警创新,创造更加有利于创新的拓展空间、激励机制和培育平台,形成全警创新的氛围。

实践证明,微信服务平台的建设,有效破解了各级公安机关警力不足、办事不便、沟通不畅、宣传不够等诸多痛点,既搭建了方便群众的新桥梁,又优化了警务运行的新机制,更探索了便民利警的新路径。温州交警将进一步发挥引领作用,牢固树立"互联网+"思维,进一步深化改革创新,深入推进"微警务"和民生警务、智慧警务建设,力争让更多群众享受到更高效、更全面的服务。

基层治理标准化"枫桥经验"

中共诸暨市委、枫桥镇党委

党的十八届三中全会提出了"推进国家治理体系和治理能力现代化"的重大命题。基层社会治理是国家治理的重点与难点,因此加快基层社会治理现代化是国家治理现代化的重要组成部分。"枫桥经验"是享誉全国的基层社会治理示范品牌,是毛泽东和习近平两代国家领导人先后批示推广的经验。在新的历史时期,"枫桥经验"又创新发展,以标准化手段提升基层社会治理现代化水平。2014 年 4 月,枫桥镇向国标委申报首批社会管理和公共服务综合标准化试点项目并获得立项。经过 2 年多的项目实施,枫桥镇总结提炼了基层社会治理过程中的经验做法,认真剖析一批基层社会矛盾的突出问题、规范一批纠纷源头化解的工作流程、挖掘一批基层民主自治的典型案例、梳理一批优化公共服务的长效机制,形成了"基层社会治理综合标准化"的新"枫桥经验"。2015 年已经申请为诸暨市地方标准,2016 年开始申请浙江省地方标准,争取到 2018 年申请为国家标准,打造"枫桥经验"标准化品牌。

一、实施背景

枫桥镇是"枫桥经验"的发源地,20 世纪 60 年代初,当地干部群众创造了"发动和依靠群众,坚持矛盾不上交,就地解决,实现捕人少,治安好"的"枫桥经验"。为此,1963 年毛泽东同志曾亲笔批示"要各地仿效,经过试点,推广去做"。50 多年来,"枫桥经验"一直是我国政法战线的一面旗帜,引领着全国基层治理走向。

新世纪以来,枫桥镇开展了包括全国社会管理创新综合试点、全国基层党建示范建设、省级智慧安居试点、省级社区矫正试点、省级社会管理信息系统试点等各项社会治理试点任务,积累了不少基层社会治理经验,并出台了一系列规章制度为"枫桥经验"的法治化、规范化保驾护航。

枫桥镇在实施各项创新项目过程中,碰到了诸多难题:第一,社会治理制度虽多,但处于碎片化状态,没有形成完整的治理体系。第二,规章制度难以规定一些微观的、操作层面的事项,因而在实际操作过程中,经常会出现随意性、不衔接等问题。第三,乡镇干部流动性较大,导致"人走,经验也带走"的问题,新进人员一时难以接手,迫切需要实用的"操作手册"。第四,全国各地干部来枫桥镇考察"枫桥经验"后,希望把具有操作性、复制性的"整个枫桥经验"带回去,以便在当地推广。但是枫桥镇并没有把成熟的经验固化下来、编制成规范化制度和操作文件,因此难以满足考察人员的需求。上述难题不解决,不利于枫桥自身基层社会治理能力的提升,也阻碍了"枫桥经验"进一步走向全国。

为此,枫桥镇联合浙江省标准化研究院,全面梳理总结近年来枫桥在基层社会治理领域的成功经验,引入标准化的理念和技术方法,将成功经验以标准的形式予以固化,并就存在的一些问题,以标准的形式予以规范,形成了一套标准化的运行模式,解决基层社会治理在微观上如何操作等问题。

二、主要做法

1. 构建基层社会治理标准体系。本项目在搭建体系时,重点突出以乡镇为实施领域、以"枫桥经验"为亮点,以基层社会治理为内容,构建一套有基层特色的社会治理标准体系。枫桥镇全面梳理了50多年积淀下来的基层社会治理经验,又结合近年来新探索的治理做法,并依据现行法律法规和借鉴国内外成功做法,最终从社会矛盾化解、公共安全、违法监管、公共服务、基层自治五方面搭建标准体系,形成一套富有操作性、时代性的"枫桥标准"。

2. 编制一批核心标准项目。2015年枫桥镇编制了22个核心项目,其中"基层社会矛盾纠纷大调解体系建设规范""基层网格员管理规范""信访事项办理工作规范""乡镇社会治安防控体系建设规范""特殊人群管理规范""乡镇网络舆情管理规范""乡镇行政服务中心管理与服务规范""村级(社区)便民服务中心管理与服务规范""村规民约制订修订工作

服务提供标准体系 TG

- 社会矛盾化解 TG01
  - 信访化解
  - 基层社会矛盾纠纷调解
    - 人民调解
    - 专业调解
    - 司法调解
- 公共安全 TG02
  - 社会治安
  - 安全生产
  - 突发事件
  - 疫情防控
  - 食品安全
  - 特殊人群管理
    - 社区矫正归正人员管理
    - 流动人口管理
    - 青少年管理
- 违法监管 TG03
  - 劳动用工管理
  - 环境污染管理
  - 三资管理
  - 四违管理
  - 舆情民意管理
    - 民意收集
    - 信息预警
    - 信息公开
- 公共服务 TG04
  - 社会保障
  - 民政救助
  - 卫生保洁
  - 河道清理
- 基层民主自治 TG05
  - 村规民约建设
  - 村务公开和民主自治

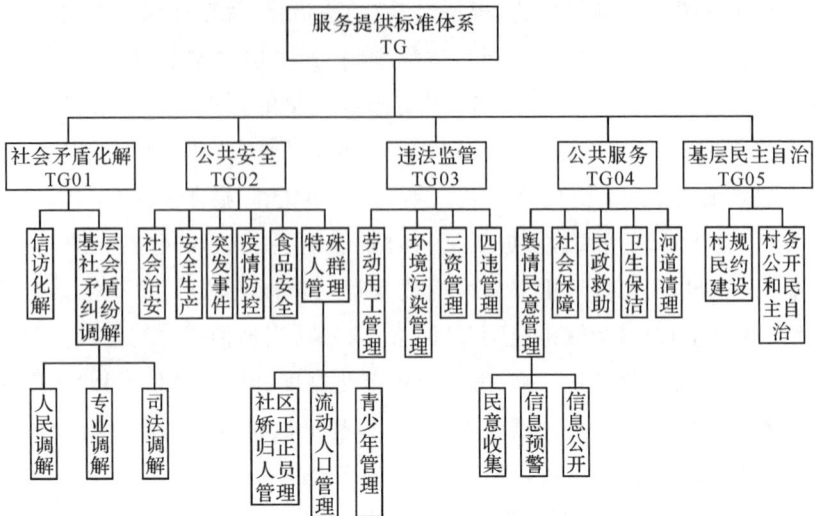

规范""乡镇防汛防台应急预案规范"等 10 项已经申请为诸暨市地方标准,其他 12 项作为枫桥镇自己的操作标准。2016 年,枫桥镇又启动了浙江省地方标准的申请。

枫桥镇基层社会治理标准化项目重点标准清单

序号	类别	标准名称	枫桥镇责任部门	诸暨市主管部门
1	矛盾化解标准	基层社会矛盾纠纷大调解体系建设规范	社会服务管理中心、司法所、派出所、法庭、检察室	市综治办、公、检、法、司
2		信访事项办理工作规范	社会服务管理中心	市信访局
3		基层网格员管理规范	社会服务管理中心	市综治办
4	公共安全标准	乡镇社会治安防控体系建设规范	社会服务管理中心、派出所、司法所	市综治办、公安局、流动人口管理局、司法局
		乡镇网络舆情处置规范	党政办	市委宣传部
5		乡镇防汛防台应急预案规范	武装部	市防汛办、应急办
6		枫桥镇突发事件应急预案(11 项)	社会服务管理中心、武装部	应急办

序号	类别	标准名称	枫桥镇 责任部门	诸暨市 主管部门
7	公共安全标准	枫桥镇应急联动管理规范	社会服务管理中心、武装部	应急办
8		乡镇安全生产监管规范	安监站	市安监局、质监局
9		食品安全管理规范	社会事业办、市场监管分局	市场监管局
11	违法监管标准	社会治理"一张网"建设与管理规范	社会服务管理中心	市综治办
5		特殊人群管理规范	社会服务管理中心、司法所、派出所、社会事业办、第二医院	市综治办、司法局、公安局、卫计局
6		乡镇违法监管规范（10项）	村镇办、农办、行政服务中心、国土所	国土局、农办、民政局、水利局、执法局
14	公共服务标准	乡镇行政服务中心管理与服务规范	行政服务中心	市公共服务中心
15		村级（社区）便民服务中心管理与服务规范	行政服务中心	市民政局、公共服务中心、组织部、农办
16		乡镇环境卫生管理规范	社会事业办	市农办
17		乡镇优抚管理服务规范	行政服务中心	市民政局
18		乡镇养老保险管理服务规范	行政服务中心	市社保局
19		乡镇医疗保险管理服务规范	行政服务中心	市社保局
20	民主自治标准	民主治村规范	党政办	市委组织部、三资办、民政局
21		村规民约制订修订规范	社会服务管理中心、行政服务中心	市综治办、民政局、组织部、司法局
22		社区社会组织管理与服务规范	社会服务管理中心、行政服务中心	市民政局

3. 建立标准化实施推广队伍。在诸暨市级层面,成立由市委副书记、政法委书记为组长,诸暨市委办、市委政法委、市质监局、枫桥镇人民政府相关领导为副组长,基层社会治理相关单位负责人等为成员的"枫桥经验"基层社会治理综合标准化试点工作领导小组,对试点项目的策划、实施、推广进行指导和监督。在枫桥镇层面,成立了由镇党委书记、政法副书记为首的项目实施团队,由浙江省标准化研究院和浙江大学公共管理学院专家为主的专业团队,由诸暨市质监局、综治办、组织部、公安局、民政局、司法局、法院、检察院等 20 多家单位为业务主管单位的队伍,形成一支既有专业知识、又有实务水平的标准化实施推广队伍。

4. 持续实施和改进标准体系。项目实施 2 年多来,不断进行研讨、调整和完善标准体系,做到成熟一个标准、实施一个标准。在标准实施过程中,不断跟标准适用对象、业务主管部门沟通,开始按可以在诸暨市所有乡镇(街道)推广实施的要求进行完善。等诸暨市地方标准申请成功后,又按浙江省地方标准的要求进行修改和完善。例如,目前村规民约制订修订工作规范在申请省标过程中,枫桥镇请省民政厅、杭嘉湖绍各地民政局、专家学者、村居干部等共同论证,不断修改完善,直至成为符合省级地方标准要求的体系。目前枫桥镇已经制定三年规划,力争边实施、边完善,最终到"枫桥经验"55 周年时,把基层社会治理"枫桥标准"升级为省级标准乃至国际标准。

三、绩效评价

枫桥镇的标准化试点项目在基层社会治理领域具有开创性,省市质监局、省市综治办、省市民政部门等都着力推动,新华网、法制日报、浙江日报、诸暨日报等主流媒体也报道宣传。这个创新项目不但对枫桥自身治理产生了规范作用,还对省市、全国各地具有示范引领效应。

1. 提升了枫桥镇自身基层社会治理的规范性。枫桥镇经过 2 年多的试点,对涉及社会治理领域的各项工作进行了梳理,全镇逐步实现了基层治理各环节标准齐全、基层各项治理服务行为规范、基层干部操作起来简单明了、基层群众满意度不断提升的良好治理效果。如通过《基层社会矛盾纠纷大调解体系建设规范》标准的研制与推广,梳理整合社会矛盾化解组织网络,建标立规,规范大调解工作机制,统一矛盾排查机制、统一矛盾化解流程、统一考评奖惩要求,有效提升调解工作效能。2015 年度 2 次集中开展治调干部调解规范化培训,全镇共调解成功各类案件 992 件,成功率 98.4%,其中重大疑难案件 160 件,调解工作受到各级领导及社会广泛好评。又如通过《特殊人群管理规范》标准的推行,摸清了枫桥镇所有社区矫正人员、吸毒人员和重症精神病人的底细,全部登记在册,并明确镇村、相关站所如何联动管理和服务这些特殊人群的工作流程、职责和保障。经过标准化式管理、人性化式帮教,枫桥镇社区矫正人员的重新犯罪率为零,居全市最低。2014 年和 2015 年枫桥镇连续两年获得诸暨市考核一等奖;2015 年枫桥镇成为全国基层党建现场示范考察点,枫桥司法所被评为全国模范司法所,杨光照调解团队被评为"2006—2016 浙江省十大法治人物"。

2. 成为诸暨市创新基层社会治理的风向标。诸暨市委、市政府高度重视"枫桥经验"标准体系建设,把这项工作列入坚持发展"枫桥经验"三年行动计划(2016—2018),坚持以打造"全国基层社会治理综合标准化示范区"为目标,扎实推进矛盾化解、公共安全、违法监管、公共服务、民主自治等五方面 22 个子项目建设,在诸暨全市所有乡镇(街道)进行推广,着力构建"注重源头预防、鼓励社会协同、强化基层自治、具有诸暨特色"的基层社会治理标准体系。通过以"枫桥标准"为导向,提升全市社会治理能力,提高平安建设成效,在原来连续 11 年获得"平安县(市、区)"的基础上,力争 2016 年底夺得"平安金鼎";力争到 2018 年,基层社会治理"诸暨标准"升级为省级标准乃至国际标准,各项社会治理工作达到全国先进标准。

3. 提供了浙江省推动"标准化+"基层社会治理的蓝本。2016 年 7 月,浙江省人民政府为充分发挥标准化在治理体系和治理能力现代化中的基础性、战略性作用,专门印发了《浙江省"标准化+"行动计划》,明确规定"探索用标准化手段构筑多元化社会矛盾治理体系,完善预防和化解社会矛盾机制。鼓励各地将基层社会治理经验转化成标准,支持有条件的标准上升为地方标准、国家标准"。省政府大力倡导的"标准化+"基层社会治理,有着枫桥镇等各地先行先试的蓝本借鉴。2014 年枫桥镇基层社会治理综合标准化和杭州市上城区街道行政管理和公共服务综合标准化两个项目被列为全国首批社会管理和公共服务综合标准化试点,2015年松阳基层社会治理综合标准化又被列入全国第二批试点。正是鉴于枫桥等先行试点单位取得的成效,省政府开始大力在全省推广"标准化＋基层社会治理"工作。

4. 引领了全国各地探索基层社会治理标准化的新走向。基层社会治理千头万绪,全国各地普遍摸着"石头过河",许多基层自行摸索,系统性和综合性不够。枫桥镇先行先试,走出了一条治理标准化的新路子,给全国各地提供了借鉴"样本"。试点 2 年多来,全国有上万人(遍布所有省、自治区和直辖市)到枫桥镇、诸暨市考察学习,许多考察团队在听取了枫桥镇开展综合标准化的试点经验后,认为这代表着基层社会治理现代化的发展方向,值得他们借鉴与推广。

四、创新启示

枫桥镇破解基层社会治理碎片化、随意化的难题,编制出基层社会治理规范化体系,推动了传统社会治理模式转型升级,不断加快基层社会治理现代化进程。枫桥创新案例可以给各地带来深刻启示:

1. 标准化是推动基层社会治理现代化的重要手段。党的十八届三中全会作出了推进国家治理体系和治理能力现代化的战略部署。然而如何推动治理现代化?以质监系统为代表的实务部门和俞可平教授等学者都认为,标准化是治理现代化的基石,离开标准化,治理现代化无从谈起。基层治理是国家治理的重点和难点,枫桥镇率先试点和创新,通过基层社会治理标准化试点工作,有效提高了社会治理的制度化、规范化水平,也证明了标准化是提升基层社会治理体系和治理能力现代化水平的重要手段。

2. 标准化是推进基层社会治理法治化的有效路径。基层没有立法权,不能制定更为细化的法律条款,因此可以把"标准化"建设作为基层"立法"的补缺。枫桥镇开展基层社会治理标准化建设,建立了一套权责明确、程序规范、易于操作的标准体系,在当地产生了"类法律"作用,有力地推进了基层社会治理法治化水平。这种做法如果能在全省更广范围内推广,可以深化法治浙江建设,形成浙江特色的基层"类立法"建设。

　　3. 标准化是提升基层社会治理典型经验可复制化的重大创新。浙江是基层社会治理创新的实验田、先行区,先后涌现了许多具有实效性、知名度的典型经验。如何让这些典型经验在更广范围内复制和辐射? 通过标准化的手段把经验固化,明确量化指标和执行程序,提供一本经验"操作手册",是行之有效的方式。甚至可以运用"互联网+"新思维,依托"基层社会管理信息系统",将标准的要求导入信息化管理,实现基层社会治理的过程规范透明、操作自动留痕、全程实施监督,这更有利于经验的复制。枫桥镇在这方面先行一步,把"枫桥经验"这个全国有名的基层治理经验编制成更具操作性、普适性的工作标准,显然有着突破性的意义与价值。

公民个人信用评价系统建设

嘉兴市社会保障事务局

近年来,嘉兴市在信息资源共享、智能卡应用、移动互联服务等方面取得了快速发展,先后被确立为国家信息惠民试点城市、国家智慧城市标杆市,下辖乌镇也被确立为世界互联网大会永久会址。2014 年,依托信息化建设先发优势,嘉兴市在省内率先采用国际先进的大数据挖掘分析工具对政府部门掌握的个人信用信息资源进行分析建模,对每位市民的个人信用情况进行动态评价,为人力资源管理、金融产品授信、政府补助发放等领域提供征信服务,走出了一条符合中国国情的个人信用体系建设之路,具有一定的示范作用和推广价值。

一、实施背景

社会主义市场经济的实质是信用经济,党的十八大报告对诚信建设提出了具体要求,指出要加强政务诚信、商务诚信、社会诚信和司法公信建设。国务院于 2013 年 3 月颁布了《征信业管理条例》,为信用建设提供了法律保障。在此背景下,各级政府高度重视信用体系建设,加大了调研力度和推进速度,我国信用体系建设驶入快车道。

信用体系包括政府、企业和个人三大主体。长期以来,我国的公民个人信用体系仅有央行建立的一套个人金融征信系统,为金融机构办理贷款业务时提供征信服务。受限于央行的行业管理职能,个人金融征信系统的征信信息主要为各商业金融机构汇总的个人贷款记录和信用卡使用记录,其他行业和领域的信息量较少,无法准确、全面地反映一个人的信用情况。如何破解这一难题,成为摆在各级政府面前的重要课题。

二、主要做法

(一)依托政府共享信息资源建立个人信用数据库

动态实时的信用数据是建立个人信用评价体系的基础,2015年,嘉兴市依托市公共事务信息平台信息资源共享优势,在原有平台基础上建设了嘉兴市个人公共信用信息基础数据库,汇集了来自市委组织部、团市委、公安、社保、法院、民政、教育、人社、环保、计生、质监、交通、卫生、公积金、水务、燃气、电力等64个部门单位的个人动态信用数据,涵盖市域450万常住人口,62类指标项,5000多万条数据记录。

(二)采用大数据挖掘分析技术建立信用评价模型

要建立个人信用评价体系,必须解决大数据分析建模和信用评价规则制定两大关键问题。为此,我们联合浙江财经大学信用管理系专家及"领军人才"企业彼艾信息科技有限公司共同组建了课题组,采用国际先进的大数据挖掘分析工具对个人信用信息进行分析建模,并针对来自各个条线的信用数据建立规则库,以"模型"+"规则库"加权评分模式对每位市民的个人信用进行量化评分,信用评价结果由千分制信用评价分数、"红绿灯"信用色彩标志以及失信减分记录和诚信加分记录构成。

(三)采用多重安全技术确保个人信息安全

自2015年1月开始,市民凭本人市民卡及服务密码即可通过"嘉兴市公民个人信用评价系统"网站、"嘉兴市民之家"手机服务终端、公共事务自助服务一体机等渠道获取个人信用记录和评分。从保护个人信息安全角度,社会各界在应用个人信用评价结果时必须遵循"评价主体授权"原则,即必须由市民本人授权才能使用,未经授权,任何单位和个人无权查询和获取市民的任何信用信息和基础信息。在互联网站和手机平台等网络终端,采用了市民卡服务密码和个人CA相结合的双因子实名安全认证机制,确保信息安全。

(四)积极推进个人信用评价结果的全面应用

个人信用评价体系建成后,受到社会各界关注,许多部门和单位已经主动将其用于单位管理和业务办理。市委组织部和团市委先后出台《嘉兴市党员志愿者管理办法(试行)》和《嘉兴市志愿者激励回馈办法》,分别将志愿者积分与嘉兴市公民个人信用评价分数挂钩,增强志愿者服务积极性;民政局将个人信用信息用于低保资质核查;国家电网嘉兴公司除了定期提供长时间连续欠费及重大违约窃电客户信息,已在企业内部人事管理上率先使用个人信用报告;中国光大银行嘉兴分行、嘉兴银行等金融单位在其商业信用融资和贷款业务中采用公民个人信用评价报告作为重要依据,依据市民个人信用情况给予相应的授信额度。

三、绩效评价

(一)创新建立了多维度个人信用评价体系

该系统通过政府共享交换平台获取个人信用信息,利用大数据挖掘分析技术建立个人信用评价模型和信用评价规则库,按照定量分析和定性分析相结合原则,对个人信用进行多维度、全方位评价,同时依托互联网技术,构建网站、手机、自助终端等多渠道查询服务体系,为市民提供便捷服务。这种做法在国内尚属首例。自 2015 年 1 月正式启用以来,个人信用评价系统不断优化完善,目前已升级至 2.0 版,信用报告查询服务达 10 万多人次。

(二)全面推动了部门信息资源共享应用

以信用体系建设工作为契机,充分发挥公共事务信息系统"资源池"的作用,进一步扩大部门间信息共享交换力度。截至 2015 年 12 月,已有市本级及下辖县市的 64 个部门单位信用信息通过公共事务信息系统实现共享交换,对打破"信息孤岛"意义重大。

(三)有效提升了个人信用自律意识

通过守信加分和失信减分来鼓励个人树立诚信意识,改正失信行为。目前,市委组织部、团市委已将志愿服务列入信用评价体系,光大银行、嘉兴银行已将信用评价分数应用于信用卡透支额度和小额贷款业务,许多市民看到个人信用报告中的失信记录后,及时改正,缴纳了拖欠的水、电、通信费,归还了长借不还的图书等。

四、创新启示

(一)建立社会信用体系必须与国情有机整合

西方国家在信用体系建设方面具有百年以上历史,其信用社会架构于世代传承的宗教伦理和契约至上的资本主义市场经济基础上,其信用体系运行机制主要基于第三方机构独立完成,其应用服务主要集中在金融资本领域。我国建设的是具有中国特色的社会主义,构建信用社会的基础是社会主义核心价值观和社会主义市场经济。由于历史和体制原因,我国政府相对西方国家而言是"大政府",政府掌握着80%以上的信用信息资源,可以集中资源办大事。因此,以"政府主导、社会共建、市场运行"为原则建立社会信用体系是比较符合我国国情的理性选择。嘉兴的个人信用体系建设紧扣社会主义核心价值观建设的时代要求,将西方国家狭义的金融领域"信用"概念进行有机拓展,融入市民社会道德行为数据,形成符合我国国情的"信用"评价指标体系。广覆盖、多领域的信用数据来源保证了"信用"评价的准确和保真,为塑造"社会主义核心价值观",提升公民道德水平提供了科学量化、准确直观的工具。

(二)建设社会信用体系必须充分调动各方资源

社会信用体系建设是一项系统工程,既要有政府的战略规划和强力推动,也要有社会各界的共同参与,更需要借助现代信息技术实现跨越式发展。嘉兴市社会保障事务局充分履行政府职能部门职责,通过推进公共事务信息资源共享交换,解决了"信用信息资源征集"这个核心难题,为建立信用体系奠定了坚实的数据基础。为了保证信用评价的科学性和准确性,嘉兴市社会保障事务局全面开展"借脑、借智、借力"工程,与浙江财经大学专家建立课题组,与"领军人才"企业嘉兴彼艾信息科技有限公司达成PPP(政府和社会资本合作)战略合作,借助彼艾公司先进的大数据挖掘工具,借助浙江财政大学信用管理专家的专业知识,建立了省内乃至国内领先的个人信用评价系统。这种建设方式,即解决了政府财政资金投入不足的困难,又帮助合作企业实现了长效发展,帮助合作高校实现了科研成果转化,形成政府、企业及科研机构的"多赢发展"。

(三)建设社会信用体系必须做好顶层设计

对我国来讲,建设社会信用体系是一项前无古人的崭新课题。改革开放以来,我国在企业和个人信用体系建设方面进行了有益的探索,工商部门推出了"信用星级评定""讲信用守合同"企业评定,央行推出了以金融信用记录为内容的个人信用查询服务。但法律制度建设、联合惩戒机制、第三方独立征信机构、征信产业发展等方面存在缺失,没有形成完整的社会信用体系,致使这些探索只是"星星之火",尚没有形成"燎原之势"。党的十八大以来,中央采取了一系列举措,逐步健全信用法律法规,推进信用信息共享,培育征信产业,为建立社会信用体系提供了良好的基础。但各地在建设过程中,是"穿新鞋、走老路",还是"等一等,看一看",直接影响到中央的战略部署是否真正落地完成。结合本地具体情况,做好顶层设计,按照集约原则实现信息资源的整合,避免各自为政、蜂拥而上;按照市场原则推进征信产业发展,避免政府越位、错位、大包大揽;按照创新原则推进信用成果应用,避免故步自封、裹足不前。只有从应用出发,敢于创新,勇于实践,才能逐步走出一条适合我国国情的信用体系建设之路。

全流域统筹美化乡村

中共衢州市柯城区委、柯城区人民政府

近年来,柯城区勇担"一江清水送下游"的源头责任,创新谋划实施了庙源溪、石梁溪全流域统筹开发"一张图、一盘棋、一条心、一本账"的"四个一"工作机制,总投资3亿多元,治理河道24.4公里,推动"两溪"实现了黑臭河、垃圾河向"最美溪流"化蛹成蝶的华丽蜕变,带动沿溪3万余农民人均增收3245元,超出全区平均水平11.5%,走出了一条具有柯城特色的"绿水青山就是金山银山"的新路。

一、实施背景

作为浙西重要生态屏障,良好的生态环境一直是柯城最引以为自豪的一张"金名片";作为钱塘江的上游地区,水既是柯城最为灵动的韵脚,更是柯城人必须不懈守护的对象。然而,在加快发展的过程中,生态环境也曾遭受一些"低、小、散"产业的影响,庙源溪、石梁溪两岸小造纸厂、小加工作坊、养猪场等将污水直排溪中,使原本清澈的溪水"不堪重负",最终变成了人人避之不及的黑臭河、垃圾河,老百姓反映强烈,要求治水治污的呼声很大。因此,自省委、省政府提出开展"五水共治"工作以来,柯城区借势借力、迅速行动,紧紧围绕省、市决策部署,突出"水美、转型、富民"主题,深入谋划河道整治规划,创新"四个一"全流域统筹开发机制,坚持每年重点整治两条河流,全流域推进造景美村,全方位推动转型发展,力争用三年时间把庙源溪、石梁溪、大俱源溪、济源溪、白沙溪、常山江等主要河流打造成"最美溪流"。

二、主要做法

1. "四规合一"一张图,创新科学化的规划机制。强化规划龙头地位,坚持"规划在先、规划超前、规划有效"的原则,按照"上下结合、内外结合、点面结合"的要求,对多个规划进行套编,促进全流域治水规划、产业布局规划、生态旅游规划、城市绿道规划"四规合一"。在市区一体、城乡一体的大背景下,将柯城置于全域旅游发展大格局中,加强与全市现代田园城市和信安湖旅游开发等规划蓝图的衔接,进一步明确"三轴四区七节点"的总体框架结构,统筹推进流域内 55 平方公里连片开发。

2."四同共治"一盘棋,创新系统化的治理机制。强化整体谋划、系统推进,进一步拉高标杆、自我加压,率全省之先提出并实施水岸同治、上下游同步、"五四三"同推、流域和道路同进的"四同共治"全流域治理模式。主要分为三步走:第一步,全流域整治。坚定以生猪禁养作为源头治污的第一突破口,落实生猪退养生态补偿机制,全流域消灭"两溪"水质最大污染源头,累计退养生猪 53.67 万头。同时,通过打好全流域河道清淤、禁止采砂及农村"双治"等组合拳,在衢州率先消灭垃圾河、黑臭河,庙源溪、石梁溪水质合格率分别从治理前的 20.3％、59.3％到治理后的 84.7％、92.4％。第二步,全流域原生态改造。突出以拆促景、以改促景、以建促景,坚持不砍树、不截弯取直、不破坏自然湿地和植被资源,在保持河道原生态基础上,结合"三改一拆""四边三化"等整治行动,通过退堤形成生态缓坡断面、湿地原生植被修复等措施,同步开展岸上岸下生态改造,配套自行车骑行绿道、游步道,提升河道"两翼"生态景观系数。第三步,全流域系统提升。更加注重"盆景"向"风景"的转化,依河道自然流势及蓄洪、生产需要,实施堰坝等节点工程景观化改造,充分融入当地立春祭、女儿节等非遗及农耕文化元素,与周边田园景观及人文风情有机融合,一堰一景,有效提升河道"韵味"。

3."四责联动"一条心,创新长效化的管理机制。强化责任压力传导,通过明责、履责、督责、追责"四责"联动,建立工作责任闭环。纵向上,自上而下构建了区乡村三级跨区域的上下游、全方位、无死角的联动联责机制,由区委书记和区长分别担任庙源溪、石梁溪总河长和工程总指挥,全面负责全流域统筹开发工作。横向上,从左到右创新了"锋领擂台""赛水赛歌"文化治水等互看互学机制,发扬柯城"四干"精神,再创"柯城速度",形成了三级联动、各级各部门比学赶超的浓厚氛围,引领带动"两新"

组织企事业单位及"保护母亲河"等草根联盟认领治水"微心愿"200余个,募集资金数百万元。同时,坚持将全流域统筹开发工作纳入问责范围,加大对不作为、慢作为干部的问责力度,打破"等待、观望"的怪圈,倒逼全区上下积极投身统筹开发工作。

4. "四措增收"一本账,创新常态化的富民机制。认真算好生态富民增收"经济账",发挥政府财政的主导作用,创新出台转产转业"十大扶持政策"、柑橘产业转型提升等政策,统筹推进"三换一改"(在"猪棚换果蔬大棚、换来料加工棚、换菇棚,养猪变养生"的基础上,进一步拓展丰富为"猪棚换画棚、换陶吧、换电商棚")、"三位一体"农合联信用合作、柑橘转型提升、低收入农户增收"五个一百工程"等四大专项行动。坚持"溪、岸、村"并举,"农、文、旅"齐进,跨界融合,依"两溪"自然人文景观,围绕休闲旅游、养生养老、文体创意等主题,明确各重要轴线、区块、节点、村落产业布局和功能分区,构建全流域完整乡村产业发展体系,彻底打通群众持续增收致富的"项目、资金、政策"通道。

三、绩效评价

1. 环境质量明显提升。全区生猪全面禁养到位,保留的9家规模养殖场完成生态化改造,农村"双治"实现全覆盖,非法采砂企业全部关停,河道保洁全面市场化,乡镇交界断面水质达到并常态保持国家地表水优秀标准;被评为全省首届"最具魅力新水乡",成功创建省级"清三河"达标县,夺得治水最高荣誉"大禹鼎"。

2. 开发机制更加完善。在坚持"四规合一"的同时,注重与特色小镇、张西精品民宿、大荫山城市森林穿越、中国名家书海画谷、蒋村牧歌、千亩大花海、集镇建设等多个专项规划实现"多规融合",33处堰坝景观、10余座人文小品与石七线、万九线、石华线、苦狮线等乡村美丽风景线交相辉映,近50公里绿道与西区新城、鹿鸣公园绿道网形成大循环,具有柯城特色的"一县一带"发展格局基本成型。

3. 治水理念深入民心。通过发挥"最美"两溪的综合效应,带动周边农户转产转业,"清水红利"逐步显现。其中,"三换一改"累计拆除禽畜栏舍72.8万平方米,受益群众达到8.5万人,人均增收幅度达到21.4%;

农合信用合作累计发放贷款 7 亿多元;"人均 4600 元以下"贫困现象全面消除,真正实现了治水美村、生态富民的目标。

四、创新启示

1. 转变理念是关键。柯城始终认为,治水的最终目的是要以生态美推动产业美、促进生活美,就是要通过"五水共治"来还原得天独厚的自然山水,使之成为原生态田园生活的典型,城乡融合发展的典型,文旅融合一体的典型,"两山"实践的典型。

2. 改革创新是动力。柯城坚持突出规划机制和治理机制的创新,按照景区的构思和旅游产业的内在规律抓好"两溪"规划,通过挖掘整理沿溪两岸的文化资源,与城市文化、旅游资源在空间布局上融为一体,进一步实施景区化改造、产业化发展,切实把景观、文化资源转化为休闲旅游资源。同时,通过"猪棚换画棚、换陶吧、换电商棚,养猪改养生",促进当地群众增收致富,真正形成了全民治水、长效治水的不竭动力。

3. 全民参与是保障。柯城依托农村文化礼堂开展"赛水赛歌"活动,通过挖掘"样水"、百村"赛水"、文化"赞水"、全民"护水"四水并进,逐渐形成了一套独具柯城特色的、可复制的文化治水模式。同时,通过治水促进农民转产转业增收,进一步使"治水富民"的理念深入人心,真正变"要我治"为"我要治"。

居家养老服务标准化

杭州市民政局

截至 2015 年年底,杭州市老年人口超过 150 万人,占户籍人口 20% 以上。面对老龄化、高龄化、空巢化、失能化"四化叠加"的严峻形势,杭州市以 2014 年 7 月被国务院确定为全国养老服务业综合改革试点城市为契机,扎实推进居家养老服务体系建设,坚持创新驱动,改革体制机制,促进资源整合,全力构建"美丽杭州品质养老"的杭州居家养老服务新模式。

一、创新举措

(一)理念创新,牢固树立以需求为导向、就近服务有效供给为目标的
服务理念

打破机构、居家养老并重的定势思维,结合成本效益和老年人亲情交际的需求,大力倡导居家养老,通过政府、社会、个人三方发力,全力构建低端有保障、中端有供给、高端有市场的居家养老服务体系,实现养老服务有效就近供给。

(二)机制创新,全面实现服务量变向质变的升华

发挥政策引导和资金补助作用,通过居家养老社会化运行方式,全面实现居家养老服务质量实现质的飞跃。以政府购买服务、公益创投、项目招标等方式,激发社会组织活力,以项目招标等方式,积极引入养安享、慈爱嘉等 500 余家品牌优、服务好的社会组织承担居家养老服务照料中心管理和运营工作;整合政府、企业及社会组织力量和资源,年度投入 500 余万福彩公益金用于资助社区为老服务项目开展,实现老年人生活照料、家电统保、康复保健等居家养老服务及为老服务活动组织的全方位市场化、专业化供给。探索居家养老服务延伸的新途径,依托社区,支持微型养老机构开门办院,为辖区居家老人提供喘息服务、心理慰藉等到多元化

养老服务,提升居家老年人幸福养老的获得感。

(三)平台创新,整合搭建"互联网＋设施"线上线下服务平台

线下依托社区实现居家养老服务照料中心有形覆盖。在全国率先提出"每百户 20 平方米"的居家养老服务设施配建标准,全市建成社区居家养老服务照料中心 2329 家,基本形成城市 15 分钟、农村 20 分钟养老服务圈。线上借助智慧养老平台实现居家养老服务有效覆盖。采用"互联网＋"方式,整合社区及社会化资源,构建智慧型居家养老服务。先后为14.7 万名高龄、困难老年人发放智慧终端,提供应急救助、快速响应等服务;试点为失智老人提供 APP 定位器、为空巢老人提供"1＋7"全方位智能看护。杭州市智慧养老技术的水平和受益面,均位于全国前列。时任浙江省副省长熊建平同志作出专题批示;新华网以"智慧养老:杭州 1＋X体系"为题进行了宣传报道。

(四)标准创新,率先构建科学规范的评估补贴及服务标准

居家养老服务标准体系全国领先。率先形成社区居家养老服务用房、照料中心建设与管理、等级评定、服务标准等全方位的标准体系,引领国内居家养老服务标准。2014 年民政部专题调研并高度评价杭州市养老服务标准化建设。率先形成居家养老服务需求评估、服务补贴及质量评价管理机制。在全国率先出台《社区居家养老服务标准》和《养老服务需求评估办法》,实现了评估对象、评估表格、评估工具、评估流程的四个统一。构建了"评估＋服务＋测评"的养老服务补贴及质量评价管理体系。杭州市的养老服务需求评估补贴制度,成为各地学习典范,民政部出台的《关于推进养老服务评估制度的指导意见》也以杭州制度为蓝本。

(五)内容创新,精准打造居家养老服务项目品牌

提倡医养融合发展。联合相关部门下发《关于推进医疗卫生与养老服务融合发展工作的通知》,在选址规划上,鼓励"养医同址";在服务内容上,首创"医养护一体化",以家庭医生签约制保证老年人的居家医疗服务需求,全市 80％老年人设立了电子健康信息档案。杭州"医养护"项目得到了刘延东副总理的批示肯定。注重对失能、失智、失独老人的关爱。引入专业社会组织开展早期失能失智筛查,提供暂时托管的"喘息服务",全市享受到三失老人关爱项目的老人达 6.8 万人,能提供"喘息服务"的养

老机构和照料中心达 300 余家。另外,针对失能失智老年人,全市建立护理型床位 2.51 万张,筑建老人安全防护网。突破老年人难以购买商业人寿保险的限制,通过搭建平台、出台政策、购买服务等举措,为杭州市老年人提供保费低、保障高、保障范围广的团体意外伤害统筹保险,全面提升杭州市居家养老的风险防范能力。2015 年,全市共计为 80 万老年人免费购买意外保险,《新华网》《央广新闻》等媒体对杭州市为老年人购买意外险给予高度评价。

二、下一步工作打算

虽然杭州市居家养老服务工作取得了阶段性成果,但也存在老城区居家养老服务配套用房落实难度大、照料中心服务能力不足、基层养老队伍力量不足的难题,下一步杭州市将围绕养老服务业综合改革试点重点目标,做好以下五方面工作:

(一)深入开展社区养老服务改革

分层分类加强社区养老服务设施建设,社区级照料中心重特色、强覆盖,街道级照料中心重综合、强辐射,到 2017 年年底,全市建成 90 家以上街道(乡镇)级综合性照料服务中心,300 家以上照料中心实现社会化运营。研究出台杭州市居家养老服务照料中心和老年人助餐服务体系建设的文件,重点推进街道级照料中心的建设和社会化运营以及老年食堂全覆盖工作,适时召开全市社区养老服务工作现场推进会。

(二)推进"智慧养老"项目转型升级

依托市级智慧养老服务监管平台,打破区域概念,开放养老服务市场,引入省外品牌企业参与竞争,促进平台服务商提升服务质量,构建多元化、多层次服务供给体系。同时,在全国率先探索养老服务过程监管与评价工作,建立全市统一的评价机制、标准规范与考核制度,对各区服务实施情况进行绩效目标全过程跟踪评估,提高财政资金使用绩效。

(三)深入开展以长期照护保障为重点的医养结合机制

创新设立护理型养老机构,出台相关建设审批标准。针对失能、失智老人以生活照护服务为重点的养老需求,在桐庐开展长期照护保险试点,出台全市长期照护保障实施方案及相关配套政策。完善养老服务需求评估办法,全面推行第三方评估机制。推动"医养服务联合体"建设,加强对养老机构、居家养老服务照料中心医疗卫生服务的指导和支撑,全面建立社区卫生服务中心与区域内养老机构、居家养老服务照料中心的签约合作关系。

(四)加强养老服务队伍建设

推进基层养老服务队伍建设,做实街道(乡镇)养老服务中心,落实工作人员。实施"政校合作"计划,在4所以上中高职院校开设养老护理相关专业,加大养老机构内设实训基地建设力度。开展免费技能培训,到明年底,养老护理员持证率达到95%以上。全面落实养老服务人才入职奖补、持证奖励及申请廉租房等扶持政策。

(五)合力推动养老产业发展

会同发改、国土、金融办、民政等部门,联合出台土地、金融等方面的扶持政策。全市将建成10个以上老年用品产业园区、养老特色小镇和为老服务品牌街区。继续落实500万元福彩公益金,以公益创投的方式,用于扶持为老服务公益项目。逐步形成10个以上在省内外具有影响力的涉老社会组织和养老服务项目品牌。

"开放空间"创新基层民主协商

中共海曙区委、海曙区人民政府

海曙区"开放空间"模式是基层社会治理的一项工作机制,是由"准备、开会、行动、评估"等基本环节组成的系统过程,强调"伙伴、参与、分享"的理念,在社区建立一个便捷、平等的参与机制,促进民主协商、民主决策、民主管理、民主监督,带动基层社会组织孵化和志愿精神培育,实现治理行动与治理结构的良性互构。通过建立"开放空间"模式,构建政府调控机制同社会协调机制互联、政府行政功能同社会自治功能互补、政府管理力量同社会调节力量互动的基层社会治理新格局,是推进社会治理体系和治理能力现代化的一项创新举措。

一、实施背景

海曙区地处沿海经济发达地区,是宁波的老城区,随着经济社会的发展,社会结构越来越复杂,基层社会矛盾不断出现、激化,单纯依赖自上而下政府主导型的"一元"治理已无法解决。自 2003 年实行"社区直选"以来,海曙区一直致力于扩大居民参与渠道,构建多元主体参与基层社会治理的有效尝试,"开放空间"模式逐渐成为海曙区深化基层社会治理的必然选择。

(一)化解基层矛盾和满足多元需求的必然性

随着海曙区经济的不断发展,人民生活水平的不断提高,居民需求更为个性化、多样化,粗放式的服务供给已难以满足居民日益增长的需求,如何发现问题、提供零距离服务、化解社会矛盾已成为当前基层社会治理的重中之重。

(二)深化基层民主协商机制的必要性

传统的基层民主协商机制以党委会、居委会议事为主。从人员构成看,以两委班子成员为主,难以精确充分表达居民的诉求;从人数看,在十人左右,难以代表大多数居民;从模式看,以传达政府声音为主,对居民的声音关注不足。随着社会发展,各类主体表达需求的愿望日益迫切,参与基层社会治理的热情越来越高涨,传统民主协商机制已难以适应现代民主社会的发展。

(三)创新社会治理体制的必要性

党的十八届三中全会将"推进国家治理体系和治理能力现代化"作为全面深化改革的总目标,突出强调要"创新社会治理体制",指明社会治理要"坚持系统治理,加强党委领导,发挥政府主导作用,鼓励和支持社会各方面参与,实现政府治理和社会自我调节、居民自治良性互动",提出"促进群众在城乡社区治理、基层公共事务和公益事业中依法自我管理、自我服务、自我教育、自我监督"的要求。海曙区通过"开放空间"模式,促进多元主体协同推进社区建设的主体格局,有效创新基层社会治理。

二、主要做法

(一)理念先行,提升方法

一是引入专业机构,进行全程指导。"开放空间"模式有其科学的原理和议事规则,2013年5月,海曙区引进专业机构——海曙区社区参与行动服务中心,对"开放空间"模式进行全程跟踪指导。二是加强技术培训,掌握科学方法。2013—2014年海曙区先后派遣30余名社工赴北京、上海学习,同时,依托专业机构开展培训,如面向社区书记开展《社区民主协商及社区冲突管理》。面向一般社工开展《"开放空间"民主协商方法》培训,从而提升社工工作理念,转变工作方法。三是进行本土实践,提高适用性。通过专业机构进驻社区,示范使用"开放空间"技术,对"开放空间"技术进行本土实践和修正。

(二)试点先行,全区推广

一是选取成熟社区先试点。2013年9月海曙区选取平桥、白云庄、丽园、牡丹、华兴等需求繁多、资源丰富、问题突出的成熟社区作为试点,采用"议题设置、开放讨论、民主决策、项目管理"的方式推进"开放空间"模式,通过半年多的试点,工作取得重大成效,共收集群众意见、建议900

余项,办结事项810多项,切实为居民解决实际问题。二是项目化管理催生社会组织。在"开放空间"模式推进中,社会组织应运而生、蓬勃发展,如平桥社区平桥CAR项目产生了"小区停车自管小组",白云庄社区"荷塘花香"项目自发组成了"白云养绿队"以及丽园社区"五水共治"开放空间建立了"邻里治水团"等,这些社会组织成为参与基层社会治理的重要力量。三是区级层面全面推广。在试点成功的前提下,2014年5月,海曙区在全区8个街道、78个社区推广"开放空间"模式。区委书记彭朱刚以"社区书记老彭"的身份参与丽园社区"开放空间",组织部门以"开放空间"模式深化基层党建,政法委通过"开放空间"模式指导社区制定"社区公约",逐渐形成以社区党组织为核心、社区自治组织为主导、社区居民为主体、社区社会组织和驻区单位共同参与的社区治理机制。

(三)总结经验,确定模式

"开放空间"模式在海曙区的推进让基层社会治理从"政府主导、小众参与"转变为"多元共治、全民参与",真正实现了群众参与从"我来讲问题"向"我能做什么"转变,社区居民在参与的过程中逐步完成从"居民"到"公民"的转型。通过对多项"开放空间"实践的回顾梳理,海曙区总结经验,制定了具有本地特色的"开放空间"模式,并于2015年1月将该模式作为一项工作机制予以确定。一是制定海曙区"开放空间"民主协商流程图。在总结经验的基础上,海曙区将"开放空间"会议流程和罗伯特会议规则作本土化改良,制作成挂图,供每个社区在举行"开放空间"会议时使用。二是设立社区居民议事厅。有硬件条件的社区设立独立的"居民议事厅",其他社区设立流动"居民议事厅",促使"开放空间"模式成为基层民主协商的一种重要方式。三是探索建立"海曙区协商民主地方标准",以海曙区"开放空间"模式为蓝本,在技术提炼、经验总结、丰富内涵的基础上,探索建立海曙区协商民主标准。

三、绩效评价

(一)畅通利益诉求表达渠道

"开放空间"模式以"议事范围不受限,参与对象不受限,议事形式不受限"为主要原则,广泛吸引社区各类人群和多元主体的参与,在"开放空间"中,更多地呈现平等性、多元性、互动性,每个参与者都是平等协商的主体,都有平等的话语权和决策权,参与主体之间要通过理性表达、彼此说服,最终达成共识。

(二)有效化解基层矛盾纠纷

"开放空间"模式通过公开、平等的讨论,让有利益冲突的相关方聚在一起,达成共识,共同制定可实践的目标和实施方案,不但具体问题和矛盾得到了解决,同时将每个人的利益与公共利益相联系,搭建起沟通、交流、对话的平台,营造和谐、民主的氛围,有效防止矛盾纠纷的升级。

(三)减少行政色彩

"开放空间"中的政府只是多元协商主体之一,为了营造平等、多元、互动的氛围,政府改变行政命令式、家长式的做法,转变观念,强调首先听取居民的需求建议,通过反复的吸纳、反馈、再讨论,加强政府与居民之间的充分沟通,把握好"民事、民议、民决"的本质,发挥居民的能动性,尊重居民的自主性,调动居民的积极性,促进居民自我决策、自我管理、自我监督。

(四)培养公共精神

"开放空间"模式建立了公共精神补偿激励机制,对于热心参与"开放空间"的主体,其话语权得到尊重,利益诉求得到重视,合法权益得到保障,社会认同度不断提高,促使其更加愿意参与社会公共事务,同时也激励更多人投身到公共事务中。

(五)发展社区社会组织

"开放空间"模式有利于发掘和培养"意见领袖"。在决策的执行过程中出现的自发的、分工合理的志愿者队伍,成为社区社会组织的雏形,通过引导、整合、培育,形成具有公益性的社区社会组织,"开放空间"成为孵化社区社会组织的肥沃土壤。

(六)真正实现居民自治

"开放空间"模式通过政府搭台、百姓唱戏,动员组织群众自愿、依法、有序参与公共事务管理,把居民能干、想干、应该干的事情放权给居民自己来干,充分开发利用社区资源,改善居民的生活环境和社会环境,让居民在自助和助人中体会自身价值,提升自我服务与管理能力。

四、创新启示

海曙区"开放空间"模式作为基层社会治理的一项工作机制,理念正确、技术先进,相比其他地区,起步更早、覆盖面广、系统性强,蕴含着深刻的启示。

(一)率先探索基层协商民主地方标准

海曙区在区一级层面全面推行"开放空间"模式,这在全国尚属首例。同时以标准化为切入点,以"开放空间"为蓝本,明确以"社会协商"为核心形式,旨在构建相对完整、多层次的基层协商民主制度的实践探索,实现了理念创新。

(二)实现治理行动与治理结构的良性循环

通过"开放空间"模式,基层社会治理结构从政府主导的"一元"治理向居民、企业、社会组织和政府等共同参与的"多元"治理结构转变。同时,"开放空间"模式保证了多元主体全程系统地参与治理,无论在协商、决策阶段,还是在行动、监督阶段,都能看到各方的力量,并实现资源、优势互补,形成良性循环。

(三)项目化运作发展壮大社会组织和志愿精神

"开放空间"模式围绕社区需求与资源开展,通过项目化运作达到解决问题的目的,服务项目中的目标群体不仅是服务的受益者,也是项目决策、实施、管理、监督等过程的参与者。因此,项目依托社区内部资源,满足社区需求,基本实现了发展壮大社会组织和志愿精神的目标。

食品安全智慧监管的"丽水模式"

丽水市食品安全委员会办公室、丽水市市场监督管理局

　　丽水地处山区,经济欠发达,食品行业"低、小、散"现象普遍,监管任务繁重与监管力量不足、监管信息不畅通、监管手段方式陈旧的矛盾十分突出。为有效破解这一矛盾,自 2012 年食品安全大整治百日行动开展以来,丽水市从监管模式和技术渠道上进行大胆创新,基于网格化管理框架探索研发了"丽水市食品安全社会协同管理平台"和手机"食安通"软件 APP 软件,融于基层食品安全监管,全面构建网格化、信息化、智能化、规范化、常态化的基层食品安全监管新模式。通过几年的运行,取得了全国使用最早、应用最广泛、成效最明显、使用前景最美好的效果,得到了时任浙任省委书记夏宝龙、国务院食安办副主任滕佳材、副省长郑继伟、副省长朱从玖的充分肯定。《中国食品安全报(专版)》《浙江政务信息(专报信息)》和《浙江食品安全简报(专刊)》刊发了丽水市的做法和经验,并作为"丽水经验"加以推广。

一、主要做法

　　(一)"网"字破题,完成从信息分散到资源共享

　　以"基层责任网＋互联网＋食品安全"为抓手,整合基层监管数据,合理划分网格、明确工作责任,实现监管部门、基层网格、监管对象之间信息互通共享。一是合理划分网格。在原有监管部门的基础上,丽水市以乡镇(街道)为大网格,村居(社区)为中网格,中网格下设若干个小网格,每个网格配备至少 1 名协管员(信息员),构建起食品安全基层责任网络。目前全市有大网格 173 个,中网格 2855 个,小网格 5377 个。二是创新搭建平台。丽水市以食品安全监管部门和"大、中、小"三级责任网格划分为框架、以单个食品生产经营单位为单元、以食品生产经营单位基本信息和

监管信息为基础、以食品安全监管便捷高效为目标,自主研发了"丽水市食品安全社会协同管理平台"(以下简称"平台")和手机"食安通"软件,为每个食品安全监管部门、每级责任网格、每户食品生产经营单位开通"平台",为每个执法人员、协管员、信息员开通"食安通"软件。三是整合基础数据。全市70余家食品安全监管部门、173个乡镇(街道)、2855个村居(社区)、4264名协管员(信息员)、28339家食品生产经营单位的基础数据全部录入"平台",并按照行业类别、所在区域对食品生产经营单位进行分类和网格划分,同时给每户食品生产经营单位设定"二维码"代码,实现食品安全数据大整合、资源齐共享、信息大联通。

(二)"效"字入题,实现从单兵作战到协同管理

在现有监管力量不足的情况下,以提升监管效能为抓手,创新监管手段、方法和载体,引导各界力量主动参与食品安全监管。一是创新监管手段。依托"平台",进一步研发了手机"食安通"软件,协管员(信息员)现场巡查时,登录手机"食安通"软件,扫描食品生产经营单位"二维码",可直接调取该单位的基本信息和以往监管信息,以便进一步核实该单位整改落实情况。进入"日常监管"模块,通过拍照、拍摄、录入等方式即完成现场巡查上报,实现检查信息实时生成、实时上传、实时共享。二是简化操作手续。为了方便协管员(信息员)开展巡查检查,手机"食安通"软件从"证、人、物、票、洁"五方面对巡查具体内容进行设定,协管员(信息员)根据设定的内容与现场情况进行对照检查,通过打勾选项即完成日常巡查,并上传至"平台",有效提高了监管效率。三是强化协同管理。监管部门根据协管员(信息员)上报的巡查信息,第一时间掌握食品生产经营单位动态,在人员不足的情况下,有针对性地加强监管,及时消除风险隐患;监管对象可以通过"平台"和手机"食安通"软件自查功能完成自查上报,落实企业主体责任;公众可以通过扫描食品生产经营单位"二维码"参与食品安全监管,逐步形成协管员(信息员)全面巡查、监管部门重点监管、企业业主自查自管和广大群众主动参与的社会共治、协同管理的食品安全监管格局。

(三)"实"字解题,推进从突击处置到长效管理

以乡镇(街道)食安办"七有八强化"和村居(社区)食品安全工作站

"十有"的规范化建设为抓手,进一步强化日常监管,落实监管责任,构建规范化、常态化、长效化的基层食品安全监管体系。一是建立规范化工作模式。制定下发了《关于加强食品安全基层责任网络建设的意见》《关于进一步加强丽水市食品安全社会协同管理平台和手机"食安通"软件管理工作的通知》《丽水市乡镇(街道)食安办和村(社区)食品安全工作站规范化建设实施方案》等文件,进一步规范基层食品安全监管组织架构,加强力量配置,改善设施设备,强化保障供给,努力建设责任到位、制度健全、保障有力、运行规范、管理有序的基层食品安全管理体系。二是强化常态化培训方式。编印《丽水市基层食品安全管理员培训教材》10000册,发放至全市各网格;统一制作协管员(信息员)食品安全知识考试题库,通过"平台"对全市协管员(信息员)进行培训和考试;邀请专家分片分区对食品安全知识和"平台"、手机"食安通"软件操作使用进行培训,确保每个协管员(信息员)全面掌握食品安全相关知识,有效使用"食安通"开展日常巡查检查。三是落实长效化考核机制。将基层责任网络规范化建设和"平台"、手机"食安通"软件的运用纳入食品安全工作要点和对各级政府年度考核内容,形成层层抓落实的工作机制;同时通过"月通报、季督查、年考核"制度,及时督促各部门、各网格责任到位、措施到位。

二、主要成效

(一)强化责任落实,增强履职力

通过平台"网格列表""食品单位"等功能版块,明确了各网格内的监督执法人员、协管员(信息员)以及监管对象,实现各网格底子清、情况清、责任清。同时要求各协管员(信息员)通过手机"食安通"软件完成辖区食品生产经营单位一月一次巡查,监督执法人员对巡查上报的不合格单位要及时开展处置,以此细化各方责任,确保各方履职到位。至目前,全市协管员(信息员)已通过手机"食安通"软件上传日常巡查记录481210条,其中2016年上传日常巡查记录247530条。

(二)提升监管效能,提高战斗力

手机"食安通"软件细化并明确了检查要点,简化了操作手续,改善了以往纸质文书书写慢、难以保存等不足,切实缩短了检查时间,提升了监管效率。同时在现有监管人员不足的情况下,监管部门可以根据协管员(信息员)定期的拉网式巡查,对食品经营单位有针对性地开展监管,对多次巡查不合格的单位,列入重点监管对象实施重点监管,有效解决目前监管力量不足问题。至目前,全市协管员(信息员)排查出各类食品安全隐患 7204 个,监督执法人员及时对上报的各类食品安全隐患进行了治理,同时对协管员(信息员)上报的 92584 户次巡查结果不合格的食品生产经营单位进行重点检查处理。

(三)加快信息互通,提升处置力

手机"食安通"软件设有"一键呼叫"功能和"定位"功能,便于协管员(信息员)发现辖区内无证生产经营食品、制假售假食品等违法信息,第一时间呼叫监督执法人员,向执法人员标示准确位置,便于执法人员第一时间赶赴现场及时查处。同时通过平台可以完成部门与部门、部门与网格、部门与企业、网格与企业之间的食品安全信息的推送。"平台"和"食安通"软件的运用,打破了监管部门与协管员(信息员)及监管对象信息互换的障碍,切实解决了违法行为发现不及时、处置不及时等问题,实现食品安全风险隐患"快速发现、及时处置、有效监督"。自 2016 年以来,在协管员(信息员)的配合下,全市查处违法行为 1198 起,约谈违规企业 1126 家,查处并关停非法违法企业 114 家,取缔黑窝点、黑作坊 29 个;行政立案处罚 344 起,刑事立案 58 起,涉刑人员 78 人,法院已生效判决 34 件,判处被告人 46 人,有力地打击了食品安全违法犯罪行为。

(四)实现动态分析,提高决策力

上级部门和政府领导可以通过平台查阅下属部门的监管动态、各网格的巡查信息,实时督查工作完成情况;可以通过平台"统计考核"功能,按区域、时间、类别全面掌握全市食品生产经营单位食品安全管理动态情况,实时分析辖区食品安全整体趋势,为今后工作方向和开展专项治理等提供决策依据。近几年,通过平台大数据统计分析,发现丽水市还存在农村食品安全隐患较多,小餐饮、小作坊食品安全状况较差,从业人员持健康证明上岗率不高等问题。根据统计分析情况,结合丽水市实际,丽水市近两年开展了农村食品安全治理,小餐饮、小作坊改造提升等一系列整治,以全面提升丽水市食品安全整体水平。

三、创新启示

食品安全直接关系人民群众的身体健康和生命安全,涉及领域广、链条长,在当前监管对象多、监管力量少、监管手段落后、企业责任意识不强等情况下,单纯依靠监管部门无法完成任务,需要调动社会各界力量,创新监管理念、手段、方式,才能有效保障食品安全。食品安全基层责任网络建设和网格化的监管模式有效地弥补了当前监管力量少、"管得着的看不见、看得见的管不着"等不足。基于网格化监管模式自主研发的"丽水食品安全社会协同管理软件"和手机"食安通"软件,有效解决了基层食品安全监管信息互换的障碍和信息不能互通共享、监管手段落后等突出问题;是强化食品安全基层监管责任、整合食品安全监管资源的重要举措,是探索提升食品安全监管效能、提高食品安全整体水平的一项行之有效的管理措施;有助于为各级政府整合食品安全监管资源,实现财政效能最大化提供强大的技术支撑,并为各级政府考核食品安全监管部门工作提供量化依据。在实践运用中,切实增强了基层协管员(信息员)的履职能力,大大提高了监管效能,有效促进了食品生产经营单位主体责任的落实,在排查日常隐患、加强人员管理、快速消除风险等方面发挥了积极作用。

农村治理的乡贤参事会

绍兴市委政法委

2014 年 8 月以来,绍兴市坚持发展"枫桥经验",推进乡村治理现代化,以培育发展乡贤参事会为切入点,创新农村治理新模式,提升农村治理能力和水平。截至 2016 年 3 月底,全市已建立村级乡贤参事会 1616 个,占行政村总数的 61.79%,会员 16958 人。广大"新乡贤"踊跃回乡报效乡梓,乡贤参事会积极参与乡村治理,受到农村广大干部群众的欢迎和认可。相关做法先后被中央电视台、《光明日报》、中央政法委《长安》杂志等宣传报道,时任浙江省委副书记王辉忠同志批示肯定并要求全省推广,首届中国基层治理现代化高峰论坛在绍兴举行。乡贤及其组织参与现代乡村治理,是绍兴乡村治理中的一个特有现象,已成为绍兴创新农村治理模式的一张靓丽名片。

一、实施背景

(一)基层政权呈弱化趋势

近年来,国家推行村民自治,以期形成良好村治,但实际效果不理想。依靠政府管理"纵向到底"显得力不从心,废除农业税后,基层政府有责无权现象越发明显,基层政权治理乡村力量越加疲惫,难以有效发动、组织群众开展经济、文化建设,干群关系日渐疏远,其对村庄内部的秩序整合能力和价值生产能力不断弱化。基层社会组织培育偏弱,没有成为独立的治理主体,在村级事务管理中未能发挥其应有的作用。基层组织控制不断弱化,社会权威结构失衡,基层治理难以有效推进。利益分享、矛盾纠纷或争端等一些小问题、小矛盾未能得到及时有效解决,导致部分群众对基层组织的不信任、不支持,甚至产生抵触情绪。

（二）农村"空心化"倾向明显

农村的快速合并和城镇化推进,蚕食着维系故乡情的空间载体,人口、经济活动以及资源向城市集中。农民大量离开农村外出,或务工或经商,人、财、物等乡村资源快速向城市集聚,农村社会中出现了强有力的脱农离农趋势。人口迁移、举家流动,使得许多人与故乡的血缘纽带逐渐弱化。传统农民离开村庄务工经商或进入仕途获得成功、定居城市,成为精英群体之后,大都不愿再回故乡、回报家乡。改革开放后,乡村传统文化逐渐淡化,对于许多已经缺乏成长条件的乡村而言,培养新乡贤或让乡贤回乡,因文化之"根"的内心牵引缺少和客观环境的贫乏,而变得愈发困难。

（三）部分农村"黑灰势力"影响严重

以家族势力、宗教势力、黑恶势力为代表的"黑灰势力",严重影响农村的社会政治秩序。家族势力以本族利益或某一利益群体为本位,危及其他群体的利益,以大姓欺小姓、以强欺弱的事时有发生,甚至在有的村存在"书记不如族长,村长不如家长"的现象。一些在农村的非法宗教组织,打着宗教的幌子,发展信徒,非法乱建庙宇,助长迷信,破坏农村法治建设。黑恶势力主要体现为一些乡村的混混、"地头蛇",通过村委会的民主选举,日益支配村庄的公共权力,破坏村庄的正常秩序,成为村庄中的"超级权势"。他们横行乡里,为非作歹,严重影响乡村社会治安秩序,威胁群众安全;甚至在日常纠纷中,有的村民为求自保或解决问题,不得不求助黑恶势力。

（四）农村价值体系荒漠化

传统的乡村社会是个熟人社会,村庄构成一个道义乃至行动的共同体,"守望相助,疾病相扶"。村庄中有舆论力量,有面子压力,那些不利于村庄生产生活秩序的价值会被逐步清除。但近年来,在经济体制深刻变革、社会结构深刻变动、利益格局深刻调整、思想观念深刻变化的大背景下,心浮气躁的"一窝蜂",急功近利的"一夜暴富""一夜成名",盲目攀比的"奢华风"等不良心态也不时出现,维系村庄正常运转的传统价值、传统文化被"时代大潮"逐渐销蚀,"人心不古""道德失落"在乡村表现得尤为突出,加之大规模的社会流动、人口迁移,原来相对稳定、封闭的乡村生产、生活系统被冲破以致难以保持和持续。

二、主要做法

2014 年以来,针对农村社会出现的新情况、新问题,根据中央、省委关于加强和创新社会治理的一系列决策部署,坚持发展"枫桥经验",以培育和发展乡贤参事会为切入点,积极发挥乡贤、乡贤组织的作用,创新农村治理新模式,提升农村治理能力和水平。广大乡贤及其组织积极参与农村公益事业建设、矛盾纠纷化解、社会治理,以及"美丽乡村""平安绍兴"建设和"五水共治""三改一拆"等中心工作发挥重要作用,有力促进了农村经济发展和社会和谐。

(一)界定新乡贤含义

突破传统意义上的乡贤概念,丰富现代"新乡贤"的内涵外延。以"贤""德"作为衡量标准,把乡贤分为三种:(1)"在家乡贤",即因品德、才学为乡人推崇敬重的本土精英,他们生于本土、扎根本土、服务本土,如老党员、老干部、老教师、复退军人、道德模范等;(2)"不在家乡贤",即因求学、致仕、经商而走入城市的外出精英,他们人在外却心系家乡,关心家乡的发展,如企业家、"返乡走亲"机关干部、社会工作者、经济文化能人、教育科研人员等;(3)"外来乡贤",即在农村创业建设的外来生产经营、管理人员等,他们愿意为第二故乡奉献自己的智慧和力量。

(二)建立新乡贤组织

按照"成熟一个、发展一个"的原则,推动条件成熟的行政村建立乡贤组织。(1)"一村一会"模式,即每个行政村单独成立乡贤参事会;(2)"会—分会"模式,即以乡镇为单位成立乡镇乡贤参事会,下辖村设立分会;(3)"乡贤顾问"模式,即乡贤人数在 5 人以下的行政村,设立村乡贤顾问,发挥其参政、议政、辅政作用。乡贤参事会必须在乡镇党委、村党组织领导下开展工作,并接受乡镇政府及村民委员会的业务指导。

(三)明确新乡贤职责

明确乡贤参事会是以参与农村公益事业、化解邻里纠纷、引领先进文化、促进村民自治为主要职责的,具有公益性、服务性、互助性、地域性、非营利性的基层民主协商和村民自治组织,具体职责有 7 个方面:(1)弘扬优秀传统文化,促进奖教助学和乡风文明;(2)组织慈善公益活动,开展扶贫济困等活动;(3)积极引智、引才、引资,助推农村经济社会发展;(4)参与公共事务管理,为村"两委"提供决策咨询;(5)推动建立健全、实施村规民约,维护公序良俗;(6)收集和了解村情民意,反馈群众意见建议;(7)化解邻里矛盾纠纷,促进社会和谐。

（四）强化机制和保障

一是给政策。市委、市政府制订出台《关于培育和发展乡贤参事会的意见》及《实施细则》,从基本原则、培育路径、培育措施、工作保障等方面对乡贤及其组织参与农村治理予以明确。各地结合本地实际,制定出台具体操作意见,对乡贤及其组织捐资助学、修桥铺路、扶危济困等公益事业,给予精神或物质奖励。二是给荣誉,增强乡贤奉献家乡的幸福感。建立乡贤荣誉激励机制,组织开展"优秀理事长""优秀理事""模范乡贤""杰出乡贤"评选活动,对作出积极贡献的乡贤和乡贤组织给予表彰奖励,并在电视、报纸等媒体上广泛宣传其事迹。三是给职位,提高乡贤参与农村治理的积极性。瞄准新乡贤,推选村干部。吸引一批有威望、有能力、有德行、有知识的新乡贤回乡当选村干部,投身家乡新农村建设;吸纳杰出乡贤加入党组织,支持乡贤依法参与村"两委"选举;推行杰出乡贤"挂职村官""乡(镇)长顾问"等制度。截至 2016 年 3 月底,全市共有 1060 名乡贤担任村干部,其中有 25 人担任村党组织书记或村委会主任。

三、绩效评价

（一）推动公益事业建设

截至 2016 年 3 月底,乡贤参事会及其会员共募集各类资金 12715.2 万元,引进项目资金 67905 万元,积极参与修桥铺路、建设文化礼堂、奖教助学等公益活动。

（二）帮扶农村弱势群体

乡贤坚持每年出资为全村村民购买农村合作医疗保险,并对老年人、残疾人进行慰问,截至 2016 年 3 月底,乡贤参事会共发放困难户慰问金 1291.4 万元。

（三）促进社会和谐稳定

乡贤参事会及其成员，通过发挥其亲缘、人缘、地缘优势，积极参与调处农村邻里之间的矛盾纠纷，有效促进了基层社会的和谐稳定。截至2016年3月底，20个月内共化解矛盾纠纷2351起，调处成功率达96.4％；为村"两委"提供决策咨询2905条，收集村情民意10377条。

（四）推动乡风民风好转

在农村环境综合整治、"五水共治"、畜禽清养关停、农用船舶整治、"无违建"村创建等活动中，乡贤带头创建庭院整洁户、花卉示范户，清理乱搭乱建，发挥了良好的示范作用。同时，乡贤通过利用个人声望和人缘，参与邻里之间的纠纷的化解，广泛开展节日老年人慰问、困难群众救助、贫困学生结对助学活动等，促进了乡风民风好转。

四、创新启示

绍兴市培育发展乡贤参事会、发挥新乡贤的新作用，积极推动农村治理，是加强和创新基层社会治理、推动基层多元主体协同共治的重要成果，从中可以得到深刻的启示。

（一）必须加强基层党组织的核心领导作用

乡贤参事会作为一种新的社会组织，必须要强化党组织的核心领导作用，加强统筹领导和具体指导，坚持正确的政治方向。

（二）必须健全乡贤参事会的运行机制

要完善乡贤参事会成员构成，坚持以德为先，逐步发展壮大；要完善乡贤会功能定位，即以参与现代农村建设的村民自治组织；要完善乡贤会工作机制，建立健全章程和运行制度及工作例会制度、财物公开制度等。

（三）必须大力弘扬乡贤文化

乡贤文化是一个地域的文化标记，是联系故土、维系乡情的精神纽带。要把乡贤文化作为基层社会道德约束的有力武器，引导群众守道守义，遵守文明，搭建起传承社会主义核心价值观的载体。

（四）必须正确处理好"三对关系"

一是处理好乡贤参事会与村"两委会"的关系，坚持村"两委会"的主体地位，乡贤参事会是重要有益之补充。二是正确处理传统伦理与现代治理的关系,即在传统伦理与现代治理理念中寻找平衡、建立新的乡村文化。三是处理好社会治理与依法治理的关系,即把乡村社会治理引导、规范到法治的渠道,使乡村社会在法治的范畴中开展共治,更好地预防和规避共治、自治过程中可能出现的乱象。

"三段式"反家暴服务

温州市妇女联合会

家庭暴力是全球性的社会问题。自 2006 年以来,温州市妇联抓住反对家庭暴力(简称"反家暴")这个妇女维权的热点、难点问题,整合各方资源,切实发挥相关部门职能作用,十年来一以贯之接力探索,创新推出"事前预防、事中干预、事后救济"三段式反家暴服务方式,形成上下联动、左右策应的工作机制,逐渐构筑了反家暴工作"温州模式"。

一、主要做法

(一)事前预防,打造反家暴工作"防火墙"

主动对接广大妇女和家庭的需求,采取"关口前移、重心下移",坚持制度建设、教育培训、宣传引导的"三先行",筑牢反对家庭暴力的思想防线和制度防线。一是坚持制度建设先行。2006 年,颁布了我国首个反家暴政府令——《温州市预防和制止家庭暴力规定》;2009 年,率先在全国成立温州市家庭暴力投诉中心,市、县两级全面开通"12338"妇女维权热线;2011 年,市、县两级均成立了预防和制止家庭暴力委员会,制订下发《温州市预防和制止家庭暴力五年行动计划(2011—2015 年)》和成员单位职责分工,强有力的制度保障将反家暴工作纳入了规范化、制度化轨道。二是坚持教育培训先行。通过举办婚姻调处和家暴干预培训班、家暴防治工作能力提升培训班,探索开展参与式警察干预家暴培训,妇联干部心理咨询师、婚姻家庭咨询师及妇联维权干部成长督导班,平安家庭创建暨反家暴工作培训等专业培训,提升公安民警、妇女干部等干预及处理家暴案件的能力。2009 年,推动公安部门将干预家暴工作纳入警察学校干警培训课程,通过专业培训转变民警对"家庭暴力是家务事"的观念,并全面提高警察干预家暴工作业务水平,从而使温州市成为继湖南省长沙市之后开展大规模警察干预家庭暴力培训的第二个城市。2016年,温州市又邀请全国反家暴专家在警察学校为新任民警进行反家暴知识讲座。多次在全市范围内开展维权案例征集评选活动,对家庭暴力涉访案件予以重点关注,邀请专家点评和指导,分别编辑出版了三本维权案例选编,以身边的典型案例帮助提升相关人员干预及处理家暴案件的能力。三是坚持宣传引导先行。2006年,率先全国确定"反家庭暴力周",连续十年上下联动,通过建立反家暴志愿者队伍,建设反家暴主题公园,开展"反家暴知识进高校",婚前反家暴承诺,大型广场文艺汇演、咨询等特色宣传活动,专门制作《拒绝家庭暴力 我们一直在努力》宣传画册,先后拍摄了三个反家暴宣传片,进一步增强反家暴工作宣传的有效性。同时,我们充分发挥宣传阵地作用,通过"一网二微三平台"(部门网站,微博、微信,广播、电视、平安信息视频联播网)全方位、多角度地开展反家暴宣传活动,实现反家暴理念宣传"电视有影、电台有声、报刊有文、网络有迹"。

(二)事中干预,撑起反家暴工作"保护伞"

立足受暴者维权难点,创新维权服务手段,突出警察干预、家暴告诫、专家疏导"三重点",遏止家庭暴力的升级和激化,有效维护受暴者合法权益。一是突出警察干预。在2006年颁布的反家暴政府令中规定,公安部门将家庭暴力纳入"110"接处警工作,在接到家庭暴力求助电话第一时间出警干预,及时预防和制止家庭暴力发生。2013年,联合公安部门在鹿城区南郊派出所率先全省开展基层派出所家庭暴力投诉受理规范化操作试点,加强警察干预家暴理论培训与实务操作的有效融合,促进公安干预家暴社会效果最大化,有效制止家庭暴力行为的发生。二是突出家暴告诫。2013年,温州市妇联联合市中院、市检察院、市公安局、市司法局率先全省出台《温州市家庭暴力告诫制度实施办法》,完善家庭暴力警情处置办法。为切实将此项工作落到实处,全市全面铺开家庭暴力告诫制度,专门印制了2000份家庭暴力告诫书,分两次发放到每个基层派出所,使得基层民警能及时对施暴者发出家庭暴力告诫书。至2016年年底,全市已发出家庭暴力告诫书1053份。温州市各地派出所还拓展工作,切实发挥家庭暴力告诫制度的作用。如:苍南县公安局设立钱库镇望里派出所为县首个家暴告诫制度实施试点单位,规范家庭暴力案件处置程序,建立快速处置、顶格处置等机制,制定个案管理、定期回访等制度。苍南县公安局、县妇联还联合以望里派出所为故事背景拍摄浙江省第一部宣传家暴告诫制度的公益微电影《警情咖啡屋》,深度宣传和推介县反家暴工作,提高广大基层民警在反家暴工作中的责任感和使命感。三是突出专家疏导。2012 年,温州市妇联推动市两办出台了《关于推行婚姻家庭纠纷人民调解工作机制的实施意见》,明确要求婚调机构达到"三有"(有经费、有人员、有考核),特别是泰顺县妇联、司法、民政等职能单位创新思路,在婚姻登记处另设"婚姻家庭纠纷调解室",聘请专职调解员,主动开展婚姻家庭纠纷的调解工作,截至 2016 年年底已服务 2153 对夫妻,成功调和 365 对。2016 年,温州市积极推广泰顺的经验做法,并将此项工作列入对各县(市、区)绩效考核内容,目前全市 11 个县(市、区)已全部完成进驻。积极探索把社会资源引入反家暴干预工作,温州市妇联率先全省加入全国法学会反家暴网络。自 2012 年起,组建巾帼维权志愿者律师团、婚姻家庭心理咨询顾问团等专家团队,组织巾帼志愿者律师结对全市乡镇(街道)妇女维权站,开展"走进基层,牵手维权"服务活动,为基层妇女群众提供法律咨询、专业调处等婚姻家庭服务。

(三)事后救济,构筑反家暴工作"安全网"

着眼于受暴者的安全保护,有效整合社会资源,推行人身安全保护裁定、家暴案件审判机制、部门组织转介联系"三举措",构筑广大家庭安全保障体系。一是推行家暴案件审判机制。温州市中院在市、县两级法院以及重点基层法庭设立反家庭暴力合议庭和全面推行"人身安全保护裁定",并率先全省出台《关于审理涉家庭暴力刑事案件的指导意见(试行)》(温中法〔2012〕89 号),深入推进家庭暴力案件审判工作。2015 年,借最高人民法院、最高人民检察院、公安部、司法部(简称"两高两部")共同出台《关于依法办理家庭暴力犯罪案件的意见》之机,市中院在两起因家庭暴力引起的以暴制暴故意杀人刑事案件庭审中创新引入专家"证人"出庭制度,由家暴研究专家通过解释家暴方面的专业知识协助法庭查明案情,最终法庭听取了专家"证人"意见,认定两起案件被告为故意杀人"情节较轻",分别被判有期徒刑 5 年和 8 年,成为受家暴妇女以暴制暴刑事案件适用两高两部《关于依法办理家庭暴力刑事案件的意见》的温州样本。

2016年,市中院作为全省唯一一家中级法院被列为最高院开展家事审判改革试点后,在家事审判工作中探索建立"党委领导、政府支持、综治协调、法院推动、社会参与"的多元化纠纷解决机制。目前温州市、县两级已全部成立家事审判合议庭,鹿城、平阳法院专门争取编制成立了家事审判庭。各地法院积极探索心理疏导机制、离婚冷静期、判后回访制度、离婚证明制度、反家暴"维和队"等,以更好地服务家事案件当事人。其中出具离婚证明举措被省委副书记、政法委书记、省人大常委会副主任王辉忠批示肯定。二是推行人身安全保护裁定。2008年,温州市妇联推动龙湾法院为最高法院出台《涉及家庭暴力婚姻案件审理指南》的全国九家基层试点法院之一,并于2009年探索发出了全省第一份"人身安全保护裁定"。2015年龙湾法院再创新举,打破人身安全保护裁定一般适用于诉讼期的惯例,发出全省首例离婚判决后的人身保护令,保护受暴者在离婚后免遭伤害。2016年,龙湾法院依据《反家庭暴力法》对违反人身安全保护令禁止性内容的施暴者处以罚款,发出了反家暴法正式施行后浙江法院系统的第一张罚单。瑞安法院陶山法庭于2012年开始尝试在家暴案件中使用人身安全保护裁定;2013年制发了全省首份"人身远离令",并与陶山镇向荣村共建"无家暴"示范村;2014年在法庭诉讼服务中心专门开设家暴维权专窗,并将涉家暴婚姻纠纷诉讼指引以"法官提醒"形式附在判决书尾部向当事人送达;2015年陶山法庭继"远离令"后,率先全省首次将"财产保护"列入反家暴"保护令",根据当事人申请,法庭根据《民事诉讼法》第100条第一款规定,将人身安全保护裁定范围从人身权益拓展至财产权益。为深入贯彻和实施《反家庭暴力法》,2016年,市妇联还将此项工作列入对各县(市、区)绩效考核内容,要求每个县(市、区)至少发出1例人身安全保护裁定。自人身安全保护令制度实施至2016年10月底,全市已发出人身安全保护令67例,2016年制发55例。三是推行部门组织转介联系。目前,温州市、县两级反家庭暴力庇护站、妇女儿童伤情鉴定中心均已成立,并将受暴妇女纳入"法律援助绿色通道",进一步强化对受暴妇女的维权救助。拓展反家暴工作领域,整合社会资源,加强与社会组织的联系并引导参与政府购买服务。2015年起,温州市妇联借助社会组织力量,以项目化形式连续开展受家暴妇女支持行动和婚姻家庭危机干预项目。特别是婚姻家庭危机干预项目,通过对家暴家庭进行系统的摸底调查、走访和心理测验,在需求分析的基础上,提供心理援助、家庭和谐文化建设等方面服务,缓解服务对象的心理压力,提高其心理健康水平,减少其因家庭暴力的不良体验带来的社会不适。2015 年至 2016 年底共建档 189 个,服务对象 239 户。各县(市、区)也通过项目化形式开展反家暴服务,如鹿城区依托温商中心平台建立温州婚姻家事法律维权工作室;洞头区联合区心理学会成立婚调服务中心开展幸福驿站——平安家庭助推行动;乐清市委托李西琴工作室、合美婚姻家庭工作室开展反家暴服务;瑞安市开展幸福益万家反家庭暴力行动;苍南县与阳光心灵义工队签约开展"受家暴妇女关爱支持行动公益项目"。为提升社会力量参与反家暴工作的积极性,推动反家暴工作社会化,2016 年,乐清市妇联探索成立反家暴志愿者协会,吸纳支持和热心反家暴工作的社会各界人士,为平安家庭创建和反家暴工作注入新鲜力量。

二、社会评价

温州反家暴相关工作广受赞誉,家暴告诫制度、人身安全保护裁定制度、人民调解组织依法调解、提供法律援助、提供家暴庇护场所、将同居关系列入家暴范畴、进行反家暴宣传、协助伤情鉴定等八项反家暴工作经验被《反家庭暴力法》吸收采纳;法院系统的创新实践在 2016 年全国"两会"报告中体现,并荣登 2015 年度全国妇女权益十大新闻榜和性别平等十大新闻事件;并于 2010 年承办了中澳合作妇联系统人民陪审员、人民调解员国家级培训班和全国妇联系统维权干部骨干培训班;多次被中央电视台、《中国妇女报》《法制日报》等媒体报道;山东淄博,浙江杭州、宁波、绍兴、衢州等地派人前来学习考察。

三、项目优势

十多年来,温州市妇联改革创新、锐意进取,横向加强与相关职能单位联合探索,纵向指导督促各级妇联组织发挥优势,切实增强"三性",扎实推进反家暴工作"温州模式"。

(一)遵循中央指示精神,体现政治性

家庭暴力危害性已日益引起社会的广泛关注,家庭暴力伤害的不仅是受暴者,施暴者和目击者同样都是受害者,并且容易导致婚姻破裂,甚至造成家破人亡的严重后果。如温州发生的未成年人霸凌案件中,被判决的7名未成年人中有6名是离异单亲家庭的孩子。家庭暴力一直是严重影响社会稳定安宁的重大因素。习总书记曾在不同场合多次指出要注重家庭、注重家教、注重家风,并在不久前的全国文明家庭表彰大会上还强调,"家庭和睦则社会安定,家庭幸福则社会祥和,家庭文明则社会文明","千家万户都好,国家才能好,民族才能好"。党的十八届六中全会也强调,党员干部特别是领导干部的家教家风,不是个人小事、家庭私事,而是干部作风的重要体现,所以要带头管好家人家风。家庭是妇联工作的主阵地,家和万事兴。《反家庭暴力法》明确规定反家庭暴力是国家、社会和每个家庭的共同责任。反对家庭暴力,切实维护妇女合法权益,引导广大家庭成员做学法、守法、懂法的文明人,做文明新风的传播人。使家庭成为社会平安与和谐的起点,为建设政治安定、社会安稳、环境安全、群众安宁的文明社会作贡献,妇联人责无旁贷。

(二)与时俱进值得推广,符合先进性

反家暴工作是一项社会系统工程,十年来市妇联充分发挥反家暴委办公室的平台作用,通过加强与公安、检察院、法院、司法、民政等部门沟通、协调、联动,进一步畅通反家暴工作"一条龙"服务,避免家暴投诉"跑部门"的麻烦,减少"中间环节",将原来的各自"小独奏"变成了"大合唱"、"交响曲",为群众提供更加便捷、高效的服务。特别是公安的家暴告诫制度在基层派出所家暴投诉受理规范化操作试点的基础上,吸收借鉴了外地的经验做法,结合公安工作实际专门制定家暴告诫书,联合公安、法院等五家单位共同发文,既方便公安操作,又能对施暴者起到震慑作用,还能为受暴者提供证据,一举三得,效果良好。目前,温州市反家暴做法在全省大力推广。又如法院系统从发出全省第一份人身安全保护令到人身远离令再到财产保护及对违反人身安全保护令的罚单,直至2016年率先全国开展家事审判改革,一步一个脚印,扎实为受暴者提供切实可行的权益维护,受到了上级法院的肯定。2016年12月26—27日,省高院在市中院召开现场会,推广温州的经验做法。

（三）切实贴近民生需求，体现群众性

习近平总书记曾指出："人民群众对美好生活的期待就是我们努力的方向。"反家暴工作也要不断创新探索，用发展的眼光看待群众的切身利益，注重从细微小事入手，比如化解家庭矛盾纠纷，宣讲法律知识，免费提供人身庇护、伤情鉴定和法律援助，在全市推行家庭暴力告诫制度等，让受暴者看到实效，感受到实实在在的利益，使广大群众打心眼里认同、认可，促使工作局面迅速打开、实效立竿见影。从实践成效来看，实行"三段式"反家暴服务模式既符合反家暴工作的复杂实际，也更能有效满足受暴者的多元需求。随着社会的进步，运用法律手段开展和推进反家暴工作，约束人们的行为，提高人们对人权的敬畏，这为维护人权开启了"家庭"这扇大窗；通过家庭树立人权意识，并逐渐改变人们的观念，建立人人平等、相互尊重的理念，这又为我国人权保护事业的进步注入了一股新的力量。

生态环境损害赔偿制度改革

绍兴市环境保护局

一、实施背景

近年来,我国出台了不少政策、制度来预防、治理环境污染,新修改的《环境保护法》就加入了按日连续处罚的规定,严惩环境污染行为。但是已有的政策大多数是对国家机关、企业、个人造成的生态破坏采取行政处罚或者是刑事责任的追究,没有针对生态环境本身的损害赔偿给出法律层面的规定。长期以来,我国生态环境损害得不到足额赔偿,生态环境得不到及时修复,生态环境损害救济不力的问题严重制约经济、社会与环境可持续发展。2015 年 11 月,中共中央办公厅、国务院办公厅印发《生态环境损害赔偿制度改革试点方案》,旨在通过试点,逐步建立起政府主导的生态环境损害赔偿解决途径,形成生态环境损害赔偿磋商制度、磋商与诉讼衔接制度、损害鉴定评估、生态环境修复资金保障等生态环境损害赔偿制度体系。由造成生态环境损害的责任者承担赔偿责任,切实落实污染者负担原则,有效应对环境挑战。

2016 年 2 月 3 日,浙江省委办印发《省委全面深化改革领导小组2016 年工作要点》(浙委办发〔2016〕6 号),明确要求绍兴市"按照国家规定的程序和要求,开展生态环境损害赔偿制度改革试点工作,探索建立生态环境损害赔偿磋商、鉴定评估机制,完善相关诉讼规则,加强赔偿和修复的执行与监督,为全面推进此项工作积累经验、奠定基础"。

绍兴市委、市政府高度重视,及时研究并提出,立足鉴定评估基础上,梳理地方可为的改革试点空间,以环境损害的鉴定评估、赔偿磋商、司法衔接、资金使用管理和生态修改等五个方面为重点,先试先行,争取形成地方特色的赔偿制度体系。

二、主要做法

一是加强组织领导。绍兴市委、市政府成立了绍兴市生态环境损害赔偿制度改革试点工作领导小组,由市长任组长,分管副市长任副组长,市中级人民法院、市检察院相关领导和市政府相关职能部门主要负责人为成员,统筹推进试点工作。领导小组办公室设在市环保局,具体负责环境损害赔偿试点工作。市环保局增设环境污染损害赔偿管理处,充实人员编制和试点力量。

二是制定工作方案。2016年4月18日,市委、市政府下发了《绍兴市生态环境损害赔偿制度改革试点工作方案》,依据国家试点方案提出的三种适用情形,结合绍兴实际,确定了以一般及以上突发环境事件造成的生态环境损害等四种情形为生态环境损害赔偿磋商范围;提出了全面建立环境损害鉴定评估、赔偿磋商、司法衔接、资金使用管理和生态修复等生态环境损害赔偿制度体系;制定了2016年三季度前推出环境损害赔偿磋商、损害赔偿司法衔接、赔偿金管理以及环境修复等配套制度,同步开展生态环境损害赔偿磋商及修复实践,年底前进行总结,提交试点总结报告等具体实施计划。

三是落实鉴定评估机构。在生态环境损害赔偿过程中,环境损害鉴定评估是首要环节。绍兴市作为环保部环境损害鉴定评估试点市,起步较早。目前,绍兴市环保科技服务中心已被列入环保部环境损害鉴定评估推荐机构名录(第二批),并成为浙江省高院对外委托机构中首家、也是唯一的一家环境污染损害鉴定评估机构。2016年以来,全市已开展环境污染损害鉴定评估案例6起,其中已编制完成鉴定评估意见书3起。

四是出台磋商办法。6月30日,市政府制定出台了《绍兴市生态环境损害赔偿磋商办法(试行)》,明确了赔偿磋商的案件范围、案件管辖、损害调查、评估及修复方案制定、磋商内容、修复资金保障、赔偿协议及其效力。确定了市环保局负责本行政区域内生态环境损害赔偿具体工作,作为磋商主体组织开展赔偿磋商;磋商不成的,由适格主体(如:社会公益组织)提起生态环境损害赔偿诉讼。

五是推出配套制度。为加强赔偿试点司法衔接和制度配套,市中级人民法院相应成立了全省第一个环境资源审判庭,越城区、上虞区等的基层法院也相继设立了环境资源审判庭。市中级人民法院、检察院和环保局联合下发了《关于进一步推进生态环境损害赔偿诉讼工作的意见》,明确了针对生态环境损害赔偿诉讼特点的证据保全、先予执行及分期执行等制度。市检察院在出台《开展"生态·环境保护"专项检察工作实施意见》的同时,联合中级人民法院、公安局和环保局下发了《关于建立生态环境司法修复机制的规定》,明确建立生态环境司法修复补偿制度。市环保局、财政局联合出台了《绍兴市生态环境损害赔偿金管理暂行办法》,成为新《环境保护法》实施以来的全国第一个环境损害赔偿金管理办法。截至2016年6月,全市已追缴18家环境污染损害责任单位污染损害赔偿金500万元。

六是开展赔偿实践。目前已启动赔偿磋商案件2起,实施修复19起。如2016年6月24日,市环保局以全国第一份赔偿意见函送达浙江乐祥铝业有限公司(环境损害单位),经过磋商达成赔偿协议,赔偿金额68万余元,《中国环境报》头版头条对此作了报道,环保部在全国环境执法工作会议上作了充分肯定。2016年5月,越城区检察院对张某等5人非法捕捞水产品案首次实践"生态司法修复补偿",得到最高检的高度肯定。市环保局组织对浙江昌峰纺织印染有限公司(已关停)违法排污对厂区东侧围墙外水体造成的污染进行了修复,得到环保部专家高度肯定。

三、绩效评价

一是为评估磋商提供实践经验。2016年3月,环境监察人员在巡查中发现浙江乐祥铝业有限公司将大量酸性废水排入河道,绍兴市环保局对该公司进行查封后,立即委托损害鉴定评估机构第一时间介入调查,对当事人厂区、工艺、污水站等进行踏勘、采样、评估。根据环境损害鉴定评估结果,在此次水污染事件中,乐祥铝业排放的废水造成水生态环境损害,由于其无法通过现场修复工程达到完全恢复,需实施货币赔偿,用于替代修复,绍兴市环保局及时启动赔偿磋商程序。6月24日,全国第一份赔偿意见函送达乐祥铝业公司,赔偿金额为68万余元,得到环保部充分肯定,为全国生态环境损害赔偿开展评估磋商提供了实践经验。

二是为修复治理提供操作范例。绍兴市积极探索实践场地污染修复案例,通过污染场地调查、风险评价、提出修复目标,根据修复目标的可达性、有效性、经济性和可操作性选择合理的修复技术,制定修复方案、量化修复费用,为环境修复提供新样板。如浙江昌峰纺织印染有限公司(已关停)违法排污导致厂区东侧围墙体外水体形成一条长 800 余米的"污水沟",绍兴市环保局立即委托损害鉴定评估机构制定应急处置及修复方案,从损害赔偿金账户中拨款 120 万元,对该厂区东侧河道水环境和底泥进行修复。经过 5 个月左右的努力,该河道水质由原先的劣 V 类提升为Ⅲ类水,得到环保部专家高度评价。2016 年 5 月,越城区检察院对张某等 5 人非法捕捞水产品案首次实践"生态司法修复补偿",也得到最高检的充分肯定。

三是为加强环境监管提供有益借鉴。绍兴市以改革试点为契机,通过加强环境损害鉴定评估队伍建设和一系列具有针对性的制度设计,不断完善行政监管和司法监管,并逐步向鉴定评估、经济赔偿和生态修复延伸,形成综合运用司法、行政、经济和技术等手段的环境污染全面管理体系,为解决环境损害后果不清、追偿不足,污染者负担原则难以落实以及环境损害修复缺失等问题探索了新路,为建立政府主导的生态环境损害赔偿解决途径,增强新形势下的生态环境保护工作积累了宝贵经验。

四是为全省乃至全国生态环境损害赔偿制度改革提供了示范。绍兴市根据中共中央办公厅(中办)、国务院办公厅(国办)《生态环境损害赔偿制度改革方案》精神,先行先试,制订出台《绍兴市生态环境损害赔偿金管理暂行办法》《绍兴市生态环境损害赔偿磋商办法》《关于进一步推进生态环境损害赔偿诉讼工作的意见》和《关于建立生态环境司法修复机制的规定》,开展生态环境损害鉴定评估,实践生态环境损害赔偿磋商及修复,为弥补我国生态环境损害赔偿法律制度的缺失以及将来生态环境保护相关制度的建设提供理论和实践基础,为全国生态环境损害赔偿制度改革试点的深入开展提供了典型经验和示范样板,得到了上级部门的高度肯定,中国环境报、浙江日报、经济日报、法制日报等媒体先后对绍兴市生态环境损害赔偿磋商制度、生态损害赔偿金制度的研究与实践进行了详细的报道。2016 年 6 月,环保部确定绍兴市承担"生态环境损害修复与赔偿资金使用管理示范"项目。

四、创新启示

一是制度引领。从我国目前的法律体系来看,主要侧重规制环境污染导致的人身、财产损害赔偿。现有的关于生态环境损害修复与赔偿的范围、生态环境损害赔偿协商与公益诉讼的程序、生态环境损害赔偿责任承担方式等规定主要散见于《海洋环境保护法》、最高人民法院 2015 年发布的《关于审理环境民事公益诉讼案件适用法律若干问题的解释》和《关于审理环境侵权责任纠纷案件适用法律若干问题的解释》,缺乏统一且体系化的生态环境损害赔偿制度设计和相关技术、资金、公众参与等配套保障机制。因此,生态环境损害赔偿制度改革的关键,是在中办、国办《方案》的框架性指引下,细化完善生态环境损害赔偿磋商制度、磋商与诉讼衔接制度、损害鉴定评估、生态环境修复资金保障和公众参与等实体和程序的一揽子规定。

二是实践验证。目前建立政府主导的生态环境损害赔偿解决途径处于试点阶段,各项制度的研究、制订需要结合地方实际进行实践。例如,生态环境损害的评估是确认损害赔偿范围、损害程度、责任主体、制定生态环境损害修复方案、量化生态环境损失的技术依据,评估报告是开展生态环境损害赔偿磋商的依据和诉讼证据。目前环境保护部已经先后发布了两版《环境损害鉴定评估推荐方法》,客观上为环境司法、执法与管理活动提供了科学依据,但在具体操作层面还需要结合生态环境损害调查、评估、修复方案制定与修复执行等赔偿过程,验证、完善适用于不同环节和程序要求的损害评估工作程序,以及损害调查、因果关系认定、损害量化、修复方案制定等技术方法体系。

三是司法保障。中办、国办的《方案》创设了磋商赔偿机制,同时也赋予索赔权人提起生态环境损害赔偿诉讼的资格,赔偿权利人可以根据实际情况,直接提起生态环境损害赔偿诉讼,这种制度设计无疑为生态环境损害赔偿提供了有力的司法保障。但在以下问题上仍需进一步研究明确:(1)明确生态环境损害索赔权人提起生态环境损害赔偿诉讼与环保组织提起环境公益诉讼的优先顺位问题。(2)明确环境民事公益诉讼和索赔权人提起的生态环境损害赔偿诉讼中的诉前救济制度。(3)生态环境损害赔偿协商程序虽然达成协议,但生态环境损害赔偿责任人拒绝履行;生态环境损害赔偿协商未能达成协议等情况下,生态环境损害赔偿磋商与诉讼的衔接机制。

农村治污设施运维管理社会化

中共三门县委、三门县人民政府

自浙江全省开展"五水共治"以来,三门县在扎实推进农村生活污水治理项目的基础上,积极探索农村生活污水设施运行与维护管理,建立"四化同步、五位一体"城乡污水设施一体化运维机制,一定程度上破解了农村生活污水处理设施站点多、管控难等难题,同时缓解财政压力,初步形成了农村生活污水设施运行与维护管理的"三门模式"。2016年,三门县被国家住建部列入全国100个农村生活污水治理示范县。

一、实施背景

自2014年全省开展农村生活污水治理以来,三门县已治理367个村,2016年又计划治理70个村的农村生活污水,除去高山、空壳、边远山区等村外,2016年底能够基本上实现县域内全覆盖。农村生活污水处理存在站点多、地域范围广、分布散、管控难的特点,传统的管理方式缺乏技术支撑,难以保证污水处理设施长效运行。同时,由于缺少管理人员和管理经费,农村生活污水处理设施往往处于无人管理、无人养护状态,实际的污水收集率和处理率低于预期,导致农村生活污水处理设施因来水量达不到设计要求而发挥不了最佳的治污效果。三门县积极探索建立城乡一体化的运维管理模式,有计划地推动政府购买公共服务的方式,引入第三方环保公司,通过环保公司科学专业的运维技术来实现农村生活污水处理设施运行维护管理的正常化、智能化、规范化,从而达到提高运维效率,降低运维成本,切实提高农村水环境质量,进一步改善农村环境面貌。

二、主要做法

三门县在省里提出"五位一体"定责任(即明确部门监督指导主体、乡镇/街道管理主体、村级落实主体、农户受益主体、第三方服务主体等责任)的基础上,提出了"四化同步"的农村生活污水处理运维管理方式。

一是城乡一体化。依托全县三大污水处理厂(县城、健跳、沿海工业城),将全县各乡镇(街道)分成三大区域,建立运维管理中心,采用技术托管方式,每个运营管理中心配置3~5名专业技术员,充分利用污水处理厂人员、技术和设备等优势,以半小时为服务半径,对全县农村生活污水处理进行统一管理。

二是运维智能化。采用"互联网+技术"的模式,将NFC(近距离无线通信)、APP(应用程序)、GPS(全球定位系统)技术与"三门·天地图"地理信息平台相结合,通过在线监测和信息采集、报警等功能,实现远程监控以及日常维护和数据分析汇总。特别对处于旅游区、水源区、养殖区周边的终端设施,安装在线检测设备,实时掌握出水水质和流量,确保出水水质合格排放。同时,添置吸粪车、管道检查机器人等设备,推进"机器换人",提高运维效率。

三是筹资多元化。对于试点村,一方面,采用"BOT+技术服务"模式,与杭钢集团下属的浙江富春紫光环保股份有限公司进行合作,由其负担前期站点建设和设备添置,政府购买其提供的第三方技术服务。另一方面,合理制定污水处理费收取标准,并按照有关规定适时开征污水处理费,减轻财政压力。

四是考核菜单化。出台城乡生活污水处理设施运行维护管理实施意见,制定城乡生活污水处理运维一体化管理办法和"菜单式"的绩效考核办法,加强对职能部门、乡镇(街道)、村、农户以及第三方的监管。

三、绩效评价

一是有效破解了农村污水治理设施运营维护的难题。农村生活污水治理池量多、面广且较为分散,如果采用传统行政村自行管理的模式,日常监管难、管理费用高,而且受限于技术和专业人才缺乏,出水水质不容易达标,设施难以真正发挥作用。将农村污水纳入到统一的城乡运维管理体系,保障了农村生活污水治理设施的长期、稳定、有效运行,实现了"一次建成、长久使用"目标。

二是有效降低了设施运行维护成本。根据省农办2013年对自建终端处理的自然村每年每村基本运维费用需要35500元的测算,全县每年需开支运维费用1300万元以上,而通过城乡一体市场化模式,节约经费在30%以上。同时,机器设备的故障率大幅降低,机器设备的使用寿命可延长3~5年,在保证农村生活污水治理设施稳定、达标排放,形成监管闭环的基础上,大大节约了农村生活污水治理设施的运维成本,还极大地提升了监管效益。

三是有效改善了农村生活居住环境。借助城乡污水处理智能一体化管理系统,对所辖的农村生活污水的排水口进行实时的视频监控,同时委托第三方专业机构统一,保证了农村生活污水稳定达标排放。据监测,污水排放水质均达到二级以上,改变了农村生活污水直排状况,使农村的环境面貌、环境质量得到较大改善。

四、创新启示

农村生活污水处理存在站点多、地域广、分布散、管控难、资金需求大的特点,三门积极探索欠发达县治水以"保水质、低成本"为目标的农村生活污水运维管理模式,力推政府"规模化"购买公共服务的方式,走出了一条市场化运营的新路子,蕴含着较为深刻的启示。

一是实施农村污水设施市场化运维管理,有利于农村污水治理设施的长效运行。农村污水设施运维技术性强,只有引入市场化机制,通过政府购买服务,由专业第三方提供运维服务,政府发挥监管职能,才能确保农村生活污水治理运维的专业性、规范性和高效性,农村生活污水治理才能更有效、更长效。

二是推行农村污水设施运维管理市场化,有利于促进城乡资源的优化配置。三门推行的污水处理设施"城乡一体化"运维模式,通过市场化模式将城镇污水处理设施管理资源向农村延伸,达到"城市反哺农村"的目的,实现了城乡污水设施运维资源的共享。城乡污水处理设施一体化运维,不仅实现了运维管理人员、管理设施、管理技术的一体化,而且实现了运维管理体系的一体化,从而实现资源配置的最大化,促进城乡一体化管理。

　　三是推进农村污水设施运维管理市场化,有利于推动政府治理能力建设。城乡污水运维管理市场向社会资本开放,就是在公共产品供给领域引入市场竞争机制,将政府作为直接投资者、经营者、监管者的角色转变为监督者、监管者、调控者。就是打破政府对公共事务大包大揽的格局,将政府的监管、公共服务职能与社会资本的管理效率、技术创新等方面有机结合,以契约形式规定各方权利与义务,利用市场"看不见的手"实现资源合理配置,提高公共服务供给效率,促进政府实现职能转变,提升政府治理能力,体现出新公共管理的理念。

出租车行业市场化改革

义乌市交通运输局

为有效破解义乌市出租汽车行业发展难题,促进义乌转型,努力为浙江全省乃至全国探索经验,2015 年 5 月,义乌市委、市政府出台《义乌市出租汽车行业改革工作方案》,在全国范围内率先启动了出租汽车行业市场化改革。通过放开出租车数量管控,搞活出租车经营方式,强化经营企业主体责任,加快行政许可向市场配置转变、政府管理向公共服务转变,构建公平竞争、有序运营、服务优质、监管有力的出租车市场体系,实现客户、驾驶员、经营企业和政府四方满意。

在过去的 2015 年,在市委、市政府,省交通厅的正确领导下,义乌市交通运输局围绕如何做好出租汽车行业改革这项工作,在公司管理、运力投放、新业态研究以及运价调整等方面积极探索、有序推进,顺利完成以下工作:一是创新方法,通过"认购入股"的方式解决原约定承包人的历史遗留问题,全面实现了义乌市出租汽车"公司化"治理;二是新增经营企业 5 家,新投放运力 250 辆,成功打破 7 年未新投放车辆的行业壁垒,有效缓解了市民打车难问题;三是稳步对接出租汽车营运服务新业态,探索"互联网+出租车"新模式,完成《义乌市规范发展网络预约出租汽车实施方案》及相关准备工作;四是针对行业运价过低情况,完成了出租汽车运价调整工作;五是逐步取消出租汽车营运权有偿使用费,有效减轻经营企业和驾驶员的负担,每车每年有偿使用费降至 5000 元(2016 年全部取消),企业承包费降低 10800 元(每月降低 900 元)。以上各项工作的推进,为顺利实现义乌市出租汽车行业改革目标打下了坚实的基础。

2016 年是承上启下、继往开来的一年。在改革的大环境下,出租汽车行业的不适应性问题逐步显现,包括行业管理依据缺乏、新旧业态利益冲突、传统出租汽车转型意识缺失、政府决策受限等。面对种种改革困境，义乌市交通运输局采取了系统规划、多方协调的工作方式，顺利完成了出租汽车行业各项改革任务。

一是科学制定《义乌市出租汽车行业改革工作2016年实施方案》，为改革工作科学推进提供保障。结合义乌实际，在2016年重点推进传统出租汽车转型升级，促进传统出租汽车与互联网用车融合发展，逐步完善出租汽车行业监管机制与监管平台建设，加快行业协会建立，进一步推进落实改革整体方案，为实现2018年行业全面市场化做好铺垫。

二是完成了出租汽车服务管理信息系统一期的建设，全面提升了出租汽车信息化服务水平。为解决出租汽车行业信息化程度低及司机服务水平监管难等问题，制定了出租汽车服务管理信息系统开发计划并完成一期工程的建设。借助信息平台数据的实时获取与反馈，实现出租汽车行业管理、运营与监管的高效性与精准性，从而降低政府对出租汽车行业管理的难度与成本。

三是建立了义乌市出租汽车行业协会，系统实现行业自律组织与治理。行业协会通过建立灵活有效的"议事—协商"工作机制与制度，让利益相关方参与到行业管理过程中，可有效解决政策推行后的"不合作"、"委托代理"及"可信承诺"等问题，也可为2018年出租汽车全面市场化后的行业自律组织与自治做好铺垫。

四是引进单班工作制的运营理念，制定《义乌市出租汽车单班工作制运行方案（试行）》。单班工作制是对运行机制的创新，通过延长车辆使用年限，来降低车辆经营成本，减轻驾驶员经营负担，提高驾驶员经营收入。同时，单班工作制有助于缓解企业用工难的局面；有助于减少出租汽车在道路上的无效运行，减轻城市交通压力；有助于降低企业与驾驶员之间因承包问题引起的一些不稳定风险，同时也为政府推进下一步出租汽车改革提供运作空间。

五是完善行业经营退出机制，制定《义乌市出租汽车经营退出机制的指导意见（试行）》。该意见以《义乌市出租汽车行业改革工作方案》为依据，建立"优胜劣汰"的行业发展机制，在"出租汽车承包经营者""出租汽车驾驶人员""出租汽车营运权取得者"等群体中建立退出机制，通过规范出租汽车经营行为,切实维护出租汽车行业稳定有序的经营环境,提高出租汽车行业服务质量。

六是调整出租汽车营运权招标评分项目及分值,印发《义乌市客运出租汽车营运权招标评分细则》。本着"有序放开、市场调节、依法监管、惠民利民"的总体要求,实现向市场化改革过渡的目标,构建公平竞争、有序运营、服务优质、监管有力的出租汽车市场体系。

七是协力探究义乌市规范发展网络预约出租汽车的具体内容。基于交通运输部《网络预约出租汽车经营服务管理暂行办法》《义乌市出租汽车行业改革工作方案》的精神,在原有基础上,按照"创新融合、市场导向、依法行政、惠民利民"的改革要求,适时推出义乌市规范发展网络预约出租汽车实施方案,实现鼓励出租汽车服务创新,科学规范义乌网络预约出租汽车经营服务行为,保障运营安全,维护各方合法权益,满足群众出行的多方利益需求。

八是致力于促成线下服务公司与网络打车平台的合作,努力实现从利益冲突向利益共赢的转变。义乌市交通运输局以座谈会的方式,通过合理的接洽与谋划,积极搭建线下服务公司与网络打车平台的融合通道,以完成双方在数据链、监管、运营模式上深度共享与融合为目标,优化网约车管理事务,以新旧业态融合方式化解利益纠葛。

九是完成驾驶员激励机制初稿。按照每家公司车辆数 1‰(四舍五入取整数)的比例,择优选取优秀出租车驾驶员,被评为优秀出租车驾驶员的可到公司申请优惠承包经营,即每月仅需向公司交纳 300 元管理费。鼓励公司以优秀驾驶员为核心组成公司的精品车队,以点带面,开展多种形式的社会公益活动。

十是制定 2016 年 150 个到期营运权处置方案。按照"有序放开、市场调节、依法监管、惠民利民"的总体要求,制定了到期营运权的处置方案。面向全市 11 家客运出租汽车企业进行公开服务质量招投标,按照《义乌市客运出租汽车营运权招标评分细则》,从高分到低分配置相应的150 个出租车汽车营运权。

义乌市出租汽车行业市场化改革启动以来,得到了省委、省政府和交通运输部的充分肯定。时任浙江省委书记夏宝龙同志、时任省政府常务副省长袁家军同志分别作出重要批示,要求"注意总结经验,做好微调,使效果更好"。交通运输部党组成员、运输司司长刘小明两次专题听取义乌的汇报,交通运输部在例行新闻发布会上表示,支持义乌积极稳妥推进出租车行业改革,为全国提供借鉴和示范。社会各界普遍肯定义乌开展探索并寄予厚望,人民日报、中央电视台、新华网等媒体对改革全程关注,央视《新闻调查》栏目专题对义乌改革进行了深度报道。社会各界也普遍肯定了义乌开展的改革探索,网友也纷纷点赞,称义乌的这一小步,将推动出租行业前进一大步。下一步,义乌市交通运输局将结合交通部新出台的管理办法,结合义乌实际,着力破解改革中遇到的问题和矛盾,加快转型发展,增强交通运输行业内生发展活力,积极稳妥推进改革各项任务落到实处。

重大项目建设"中心制"

舟山市发展改革委

　　"项目中心制"是舟山市实施的一项加快重大在建项目、重大在谈项目、重大在谋项目建设,推进国家战略实施的重点突破改革举措。舟山市通过建立以"四个一"管理运作机制为核心,以项目审批、责任倒逼和联动督考等机制为支撑的"项目中心制",推进重大项目建设成效明显。时任浙江省书记委夏宝龙同志对该做法作出"都应该这样抓落实"的批示,浙江省发改委在全省发改系统推广该经验。

一、实施背景

　　舟山肩负着加快新区开发、建设舟山江海联运服务中心、探索建立自由贸易港区的国家战略使命。党中央、国务院寄予厚望,省委、省政府希望舟山跑出加速度、为全省发展多作贡献,特别是夏宝龙书记在参加2017年年初省人代会舟山代表团讨论时,要求舟山增速必须达到12%。为此,舟山市按照"不动体制动机制"的理念,围绕项目推进中存在的理念、项目、机制、效率、要素、干劲等短板问题,深入实施以"一个责任领导、一个指挥部、一个支撑平台、一套政策体系"为核心的重点项目推进机制,不断完善项目审批、责任倒逼、联动督考等配套机制,把全市上下的精力集中到推进重大项目上来,把工作重心落实到抓重大项目上来,形成全市上下狠抓项目落实、服务项目建设的工作氛围。目前,"项目中心制"总体落实到位、实施有序。

二、基本做法

　　(一)建立以项目为中心的管理运作机制

　　一是明确一个责任领导。每个项目组确定一名市级领导作为第一责任人,市委、人大、政府、政协等领导打破分工,挂帅一线,除特别重大事项需提交新区发展联席会议、市党政联席会议审议外,其余项目建设具体事项全权由责任领导协调指挥。同时,建立市主要领导月度专题协调会制度,专门协调解决项目推进中的突出矛盾和问题。全市共有 14 名市级领导分别担任 26 个"三重"项目组组长,召开项目推进专题协调会 233 次,编发会议纪要 105 期,如针对舟山千岛中央商务区、宁波舟山港主通道、观音法界、海力生集团迁建等项目多次召开专题协调会,通过会议纪要明确任务、落实责任,推动了相关具体问题的解决。二是成立一个指挥部。每个"三重"项目设立一个指挥部或工作组,总指挥(组长)由责任领导担任,常务副总指挥(组长)实行"点将制",在全市县处级干部中优中选强;业务力量从全市各部门抽调,实行集中办公。全市 26 个"三重"项目均搭建了指挥部(工作组),共抽调业务骨干 88 名,如为加快推进波音 737 完工和交付中心以及舟山航空产业园建设,成立了舟山航空产业园建设领导小组。三是搭建一个支撑平台。采取市场化运作企业化运营,组建项目公司、投资公司等搭建一个平台,支撑项目实体运作。目前,绿色石化基地、国家远洋渔业基地等先后组建了舟山石化园区投资发展有限公司、浙江舟山北向大通道有限公司、浙江中澳现代产业园有限公司、新奥(舟山)液化天然气有限公司等 17 个项目公司、投资公司,组建率超 65%。四是定制一套政策体系。针对项目特点,由各指挥部(工作组)量身订制,研究提出具体扶持政策,政策体系实行"一项目一策""一企一策"。已经出台了有关于舟山国家远洋渔业基地建设若干意见、特色小镇规划建设工作实施意见等的 11 个相关政策文件,切实提高了决策效率和执行效率。

(二)建立以项目为中心的高效审批机制

一是建立投资项目分层分类审批协调机制。"三重"项目由领衔领导负总责,按时间节点推进,所有相关部门跟进配套服务;其他年度重点项目由分管副市长协调推进,市发改委明确推进计划和进度要求;市内自己可以解决的审批项目,由市审招委协调推进,审批代办机构负责全程服务。二是探索实行"容缺预审"机制。在项目基本审批条件具备、申报材料主件齐全,但其他非关键性申报材料暂缺时,相关部门可先予以受理审批,切实节约项目审批时间。2016 年市本级已对 12 个重点项目实行了容缺预审。三是围绕"六个少"深化行政审批制度改革。突破常规简政放权思路,以"少环节、少评审、少材料、少收费、少僵化、少跑腿"为具体要求,深化行政审批制度改革,市发改委起草并报请市政府正式出台了《舟山市深化以企业投资项目为重点的行政审批制度改革打造全省"三最"城市实施方案》,采取流程再造、前置整合、联审联办、捆绑打包、互联网＋等措施,打造全省"审批环节最少、速度最快、效率最高"的城市。目前,市企业投资项目审批和中介服务环节缩减至 35 个,全流程时限缩短至 48 个工作日。

(三)建立以项目为中心的责任倒逼机制

一是明确节点倒逼项目进度。引入 project 软件,采取工程化管理模式,对照项目年度投资计划、建设内容、开工时间,各项目组按月分解推进计划,倒排时间表、任务图,推进中实行逐项攻坚、定期销号,如绿色石化基地项目共梳理出 256 个子项、观音法界工程总进度细化至 5424 个节点。二是挂图作战推行清单管理。借力"补短板、树标杆、求突破、走前列"大行动,制订了全市重点目标任务、各地各部门年度重点突破工作、大行动动员大会曝光问题整改三张清单,在市级媒体和市行政中心大厅墙上公布,每月通报进度,提前完成年度任务的挂"小红旗",高效高质完成进度目标的挂"五角星",完成得一般的给予"空白",没有完成进度的挂"三角",倒逼各项目组自加压力,奋起直追。截至 2016 年 12 月底,全市 26 个"三重"项目中已有 7 个项目提前完成年度目标任务夺得"小红旗"。三是比学赶超传导工作压力。对接督考组每月对重点项目中推进慢、需要重点的关注问题、10％抽查的目标任务开展督查,确保各项工作落实再落实、务实再务实。坚持每两个月到县(区)、功能区或"三重"项目现场举行一次现场会,推广经验、传导压力,在全市营造互学互促、争先奋进氛围,现已举办"比学赶超"现场会 5 期。

(四)建立以项目为中心的联动督考机制

以督考为中心,构建起比选、绩效、督查、容错、问责、舆论监督"六位一体"联动机制。一是开展一线比选。突出一线用人导向,坚持把参与"三重"项目建设作为培养、选拔干部主阵地,引导干部到一线实践锻炼。

二是突出绩效考核。加大正向绩效奖励力度,出台了"三重"项目工作组绩效考核激励办法,制定了年度"三重"项目考核办法;探索"专项考核＋综合考核"模式,增加个性化指标的考核权重;强化部门与区块捆绑考核,推动行政和要素资源向区块倾斜。三是强化巡查督办。成立四个常态化巡查督导组,实行重要事项督办单制度,每月对项目建设中推进慢和需要重点关注的问题开展巡查督办,并把督查结果纳入项目组及成员年度综合考核范畴。四是创新容错问责。率先出台改革创新容错免责办法,明确容错免责 8 种情形和予以从轻、减轻或免责 7 个方面,消除干部后顾之忧。制定作风效能问责办法,明确 4 大类 21 种问责情形,以及批评教育、停职检查、调离岗位、免职、辞退等 8 种问责方式,健全干部能上能下机制。五是借力舆论监督。采用"项目清单＋媒体监督"的方式,强化跟踪问责。目前,各市级媒体已刊登和播放 43 期曝光问题追踪报道、34 期《新区聚焦》、6 期《电视问政》,推动解决了一批影响发展、影响民生的老大难问题。

三、主要成效

自"项目中心制"实施以来,舟山市重点项目加快推进,全市各级政府、部门、干部在干事创业的理念、效率、干劲等方面明显转变,取得了较好实效。具体表现在:

(一)实现项目推进机制创新,加快了重大项目推进

实施"四个一"项目中心制,通过集中优势兵力攻城拔寨,改变了以过去传统做法来推进重大项目建设,打破以往由部门出台政策的旧框框、老套套,地方党委和政府推进项目的信心更加坚定,部门联动意识明显增强,合力推进项目氛围更浓。同时,由各指挥部(项目组)可根据项目实际需要,实行"一项目一策"的制度,这些举措都是解决项目推进存在问题的有效途径,从而提高了政策的针对性,加快了项目推进。如舟山绿色石化基地建设按照"十年任务三年完成"的速度,以超常规方式推进,现已进入环评阶段;波音 737 飞机完工与交付中心落地舟山;舟山自由贸易港区申报工作取得突破性进展,目前正积极争取总体方案获批。

(二)实现新区行政体制创新,提高了管理决策效率

近年来,新区建设保持较高经济增速,项目建设较快推进,但与省委、

省政府和人民群众的期望存在落差,最大的原因是项目特别是重大项目落地不多、推进不快。重大项目推进不快、工作落实不力,最重要的原因是项目实施主体责权利不明确或不一致,或者是层级太多决策缓慢,导致有些问题互相扯皮或者互相推卸责任,严重影响项目的推进。实施"项目中心制"后,通过设立并做实项目工作组(指挥部),直接对新区管委会负责,市领导亲自挂帅,工作组充分赋权,项目属地化推进,从而实现了新区管理扁平化,破除了过去项目实施主体责权不明或不一致、决策缓慢、推诿扯皮等严重影响项目进度的问题,使项目推进举措更实、力度更大、机制更顺,提高了决策效率。如针对用地、用海、口岸开放等问题较为突出的领域,市职能部门、县区政府与项目组共同攻坚,不考虑"能不能办",而是考虑"怎么办""如何抓紧办"来解决问题。

(三)实现干部使用机制创新,激发了干部干事激情

实施"项目中心制",突出"重点领域用重兵",注重把政治过硬、业务突出、敢于担当的干部选配到重大项目。项目化的运作机制、差异化的激励机制、常态化的督考机制,以及公开化的挂图作战、比学赶超机制,进一步激发了广大干部的创业创新精神。在不打破存量机构、不改变干部所在机构的前提下,从市人大、发改委、住建局、水利局、海洋渔业局、定海区、岱山县等部门和区(县)抽调干部人员119名到新组建的指挥部、工作组,到新的岗位从事"三重"项目推进工作,让干部有事干、能干事、干得成事。对重大项目建设中经受考验、表现突出、敢于担当的干部,优先提拔使用。这是营造干部创业热情机制的探索,是行政体制创新的尝试。激发了一批敢于面对矛盾、勇于克难攻坚的优秀干部干事创业的激情,实现了服务发展和锻炼干部的双赢效果。比如宁波舟山港主通道富翅门项目组同志倾注强烈的事业心和责任心,自加压力、激发活力,成就了富翅门大桥建设的喜人业绩。

企业社会责任评估促和谐劳动关系

杭州市总工会、杭州市人力社保局

    杭州市以企业社会责任评估为载体的和谐劳动关系创建模式,源于时任浙江省委书记习近平同志的思想:"企业在自身发展的同时,应该当好'企业公民',饮水思源,回报社会,这是企业不可推卸的社会责任,也是构建和谐社会的重要内容。"深入理解这一思想,杭州市在促和谐劳动关系建设五年经验的基础上,开始企业社会责任建设,并将企业社会责任建设目标定位于"引导企业从'经济人'向'企业公民'转变",首先从应对2008年发生的国际金融危机开始,开展"不裁员、不减薪"共同约定行动,号召企业积极承担社会责任,得到7098家企业的积极响应。在此基础上,以和谐劳动关系为核心规范企业用工责任,以和谐劳动关系的上下游、内外部关系为内容规范企业的市场责任、环境责任、公益责任,形成了《杭州市企业社会责任建设评估规范》地方标准。以《评估规范》为依据,通过定期组织的申报、培训、评估、验证、表彰,引导企业持续开展标准化的和谐劳动关系构建,形成了杭州市以企业社会责任评估为载体的和谐劳动关系创建模式。

一、重要性

    党的十六届六中全会提出"发展和谐劳动关系",十七大报告要求"规范和协调劳动关系",十八大报告强调"加强劳动保障监察和争议调解仲裁,构建和谐劳动关系"。2015年3月中共中央、国务院发出《关于构建和谐劳动关系的意见》,强调"劳动关系是生产关系的重要组成部分,是最基本、最重要的社会关系之一。劳动关系是否和谐,事关广大职工和企业的切身利益,事关经济发展与社会和谐"。因此,发展和谐劳动关系是政府公共管理领域的重大事务。

　　和谐劳动关系既体现于人与人之间,反映于人与环境之间,既是企业内部雇佣双方的关系也是企业与社区(社会)的关系,既是作为微观主体的企业的责任也是作为宏观主体的区域政府责任。如何高效率构建和谐劳动关系,需要高度重视,更需要深入探索。

　　杭州市全面推动和谐劳动关系建设始于 2005 年 8 月,市劳动保障局、市经委、市总工会、市企业家协会/企业联合会联合下发《关于开展创建"和谐劳动关系先进企业"活动的意见》(杭劳社薪〔2005〕180 号),在全省率先开展和谐劳动关系创建活动。2006 年成立了以副市长担任组长、11 个部委办局分管领导为成员的杭州市创建劳动关系和谐企业活动领导小组。之后,全市和谐劳动关系创建活动逐步向园区和社区拓展,企业、村(社区)、乡镇(街道、工业园区)、区县(市)和市"五级联创"的工作格局逐步形成。

　　2009 年 10 月,市委、市政府下发《关于加强企业社会责任建设的意见》(市委办〔2009〕第 29 号),明确提出企业社会责任建设的总体要求、内容和举措,开始全面探索企业社会责任建设。次年 3 月,市委办公厅、市政府办公厅下发《关于建立杭州市企业社会责任建设领导小组的通知》(市委办发〔2010〕38 号),成立了由市委副书记任组长、26 个部委办局领导参加的领导小组。同年市总工会与浙江大学共同成立课题组合作研究完成《杭州市企业社会责任评价体系》,并于 2014 年形成《杭州市企业社会责任建设评估规范》。

　　企业社会责任建设评估为和谐劳动关系建设提供了新的平台。2011年市委办公厅与市政府办公厅下发《关于杭州市企业社会责任建设领导小组和杭州市创建劳动关系和谐企业领导小组合并的通知》,成立杭州市企业社会责任建设暨发展和谐劳动关系工作领导小组。2015 又下发《关于调整杭州市创建和谐劳动关系先进企业评选工作暨推动全市中小企业积极开展社会责任建设的通知》,进一步整合企业社会责任建设与创建和谐劳动关系工作,将企业社会责任建设作为发展和谐劳动关系的新平台深入推进。从和谐劳动关系创建到企业社会责任建设推进,再到整合和谐劳动关系创建和企业社会责任建设的目标、过程、规范,杭州市在历经十年的和谐劳动关系创建过程中,探索形成了杭州市以企业社会责任评估为载体的和谐劳动关系发展模式。

二、主要内容

杭州市以企业社会责任评估为载体的和谐劳动关系发展模式,其基本特征和显著优势集中体现于:

1. 企业社会责任建设的标准规范为发展和谐劳动关系提供了完备的构建体系——杭州市企业社会责任建设从一开始就重视建设的规范性。2009 年杭州市总工会与浙江大学合作研究制订《杭州市企业社会责任评价体系》,在此基础上于 2014 年修订完善指标体系,并形成《杭州市企业社会责任建设地方规范》(DB3301/T003202014)。从"用工责任""市场责任""环境责任""公益责任"四大领域,诚信经营、财会纳税、产品质量、环保减排、低碳节能、依法用工、协调机制、安全生产、职业健康、公益慈善十个方面开展企业社会责任建设,对照中共中央、国务院《关于构建和谐劳动关系的意见》提出的各项内容,杭州市企业社会责任建设各模块给发展和谐劳动关系构建了一个稳定的内容和结构导向。

2. 企业社会责任建设的实施过程为发展和谐劳动关系提供了全程服务——与全国企业社会建设的报告发布会形式不同、与全省企业社会责任建设的优秀报告评选形式不同,杭州市企业社会责任建设以专项评估活动的方式开展,强调"以评促建"。评估过程中,布置环节着力于重要性的宣传,培训环节着力于内容的指导,申报环节着力于企业自查,评估环节着力于发现普遍性问题,验证环节着力于解决企业典型性问题,反馈环节着力于一对一的服务,表彰环节着力于示范作用的发挥。每一轮评估,始终围绕和谐劳动关系各维度,引导企业树立和谐劳动理念、优化和谐劳动关系、提升和谐劳动关系建设能力。

3. 企业社会责任建设的职能配置为发展和谐劳动关系聚集了力量——杭州市企业社会责任建设由政府部门、浙江大学、有资质的验证机构三方合作,市委、市政府 26 个部门参与。浙江大学发挥其学术优势,负责评估标准制定、评估过程控制、评估数据分析、评估报告发布;验证机构发挥其行业专业优势,负责真实性验证、操作性验证以及现场咨询;政府部门发挥其管理优势,负责建设过程服务、建设目标优化、企业信息检查等。所有的机构和部门依据《杭州市企业社会责任建设暨发展和谐劳动关系工作领导小组成员单位职责任务分工》，各司其职，有效协作，形成了全市构建和谐劳动关系的强大力量和一致行动。

三、绩效评价

劳动关系是否和谐，事关广大职工和企业的切身利益，但和谐劳动关系的建设必须跳出狭义的职工与企业的雇佣关系，从企业的能力建设、劳动者的能力建设做起。杭州市以企业社会责任建设为载体的和谐劳动关系发展模式正是体现了这一思维，经过若干年的实践，取得了显著成效。

1. 和谐劳动关系意识和社会责任意识普遍建立。杭州市自 2005 年启动和谐劳动关系建设以来，有 6.8 万家企业参与和谐劳动关系创建活动，5.4 万家单位达到创建标准，600 家企业被评为"杭州市创建和谐劳动关系先进企业"。自 2009 年启动全市企业社会责任建设以来，已组织开展四轮评估工作。第一轮评估 2009—2010 年企业社会责任建设情况，203 家企业参评；第二轮评估 2011—2012 年企业社会责任建设情况，646 家企业参评；第三轮评估 2013—2014 年企业社会责任建设情况，2416 家企业参评；从第四轮起，从每两年评估一轮增加为每年评估一轮，第四轮评估又有 858 家企业参与。到 2014 年止，有 2696 家达到《杭州市企业社会责任建设评估规范》确定的基本标准，达标率 61.7%，173 家企业达到 A 级（优秀）标准。

2. 和谐劳动关系建设保持高水平领先。自 2010 年全省开展和谐劳动关系指数测评以来，除目前正在测评的第六次和谐劳动指数尚未发布测评结果以外，杭州市在全省 11 个市（地）中保持了五连冠的好成绩。历次测评指数如下：第一次 2010 年，杭州市和谐劳动指数为 87.44；第二次 2011 年，杭州市和谐劳动指数为 88.14；第三次 2012 年，杭州市和谐劳动指数为 89.33；第四次 2013 年，杭州市和谐劳动指数为 85.65；第五次 2014 年，杭州市和谐劳动指数为 85.00。

3. 杭州市和谐劳动关系和企业社会责任建设得到了领导的肯定和社会的认可。杭州市萧山区民营企业传化集团构建和谐劳动关系的做法在《浙江日报》连续刊载，引起时任中共中央政治局常委、中央书记处书记、国家副主席习近平同志关注,并于 2010 年 8 月作出重要批示:"构建和谐的劳动关系,是建设和谐社会的重要方面,特别是在当前有些企业劳资纠纷频发的情况下显得尤为重要。"要求党建工作领导小组秘书组组织力量对传化集团的做法进行调研。2011 年 3 月 13 日,央视一套《焦点访谈》栏目播出题为《构建和谐劳动关系——以杭州为例》的专题节目,介绍了杭州市工资集体协商、劳动争议调处等方面的做法和成效。截至 2015 年年底,接待约 60 批、1200 余人次省外、市外来访取经的相关部门人员,如长沙、武汉等城市多次派人来杭学习考察杭州市企业社会责任建设做法,企业社会责任建设的"杭州模式"得到广泛推广。截至 2015 年年底,已发布《杭州市企业社会责任建设蓝皮书》四册,对宣传、引导企业和谐劳动关系暨企业社会责任建设,发挥了持续的影响。

4. 和谐劳动关系暨企业社会责任建设对全市社会经济发展的积极影响开始全面显现。通过构建和谐劳动关系、推进企业社会责任建设,广大企业更加重视管理创新、制度创新,努力由主要依靠物质资源消耗、依靠廉价劳动力向主要依靠科技进步、劳动者素质提高和管理创新转变;通过构建和谐劳动关系、推进企业社会责任建设,职工合法权益得到切实维护,围绕落实劳动法律法规,劳动合同、职工工资集体协商、企业民主管理、劳资关系协调等建设和管理得到持续强化,职工队伍稳定,广大职工在体面劳动中得到全面发展;通过构建和谐劳动关系、推进企业社会责任建设,企业社会责任建设逐步融入社会治理,企业从创建和谐劳动关系延伸到积极履行社会责任,又基于全面的社会责任强化和谐劳动关系,实现从内部劳动关系和谐拓展到外部社会和谐,从注重自身和谐发展升华到实现经济社会全面健康可持续发展,构建了"党政主导、企业主体、社会协同"的社会管理新机制。

四、创新启示

杭州市以企业社会责任建设为载体的和谐劳动关系发展模式,其创新性在于:借助企业社会责任建设的标准规范、过程控制、协作平台,有效地处理了和谐劳动关系发展中的复杂性、综合性要求。具体体现在三个方面:

1. 和谐劳动关系是一个涉及多维度的复杂系统,其内容既十分具体,又极其综合。杭州市以企业社会责任评估为载体的模式,有效地实现了和谐劳动关系各维度的协调推进。和谐劳动关系既涉及雇佣双方的劳资关系,也涉及企业与社区的社会关系,还涉及人与自然的协调关系。《杭州市企业社会责任建设地方规范》(DB3301/T003202014)从"依法用工""协调机制""安全生产""职业健康"四个方面的 19 项指标引导企业"用工责任"建设,直接导向和谐劳动关系构建的核心内容。同时,通过"市场责任"和"公益责任"模块引导企业与市场主体和社区的社会关系、通过"环境责任"模块引导企业与自然和环境的生态关系,着力于和谐劳动关系构建的整体性积累。杭州市的这一模式为有效协调和谐劳动关系构建中的具体性和综合性提供了经验借鉴。

2. 发展和谐劳动关系是一项涉及多主体的全社会目标,需要社会各方力量参与。杭州市以企业社会责任评估为载体的模式,有效地建构了一个和谐劳动关系建设中各方主体参与的协作平台。劳资双方是和谐劳动关系中的核心主体,政府、社区、自然人同时也是共享和谐劳动关系成果、共担和谐劳动关系建设责任的共同主体。杭州市企业社会责任建设自一开始就有政府、高校、企业三方合作,市委、市政府 27 个部门参与,"市委办发〔2010〕38 号"文件确定成立了杭州市企业社会责任建设领导小组,"杭社责〔2010〕1 号"文件明确了杭州市企业社会责任工作职责分解方案,"杭社和谐〔2013〕1 号"文件进一步优化完善领导小组成员单位职责任务分工,使得各参与主体可以在一个统一的平台上围绕一致的目标和原则开展工作。杭州市的这一模式为协调和谐劳动关系构建中的各方主体行动提供了经验借鉴。

3. 企业是发展和谐劳动关系的核心主体,无论内部劳方与资方的雇佣关系还是外部与社区、环境的协作关系,和谐劳动关系各维度均是以企业为实体来承载的。杭州市以企业社会责任评估为载体的模式,形成了一整套有效地面向企业、围绕企业、服务企业的和谐劳动关系运行方案。杭州市企业社会责任建设自 2009 年开发评估体系、确立评估程序开始,就立足于从企业实际出发、服务企业来积累责任能力。每一轮的企业社会责任建设评估有规范严格的程序,强调布置环节重意义宣传,培训环节重内容指导，申报环节重自评自查，评估环节重一般性问题发现，现场验证环节重典型性问题发现，信息反馈环节重一对一的延伸服务，最后表彰环节重在最大限度地发挥先进企业引导示范功能。杭州市的这一模式为树立企业在和谐劳动关系中的核心主体地位、积累企业对和谐劳动关系的内生需求、形成企业发展和谐劳动关系的自觉行动，提供了经验借鉴。

"负责任的企业、负责任地经营"已成为杭州市优秀企业的基本形象，这种责任意识、责任理念、责任能力，构成了杭州市发展和谐劳动关系的持续动力。

五、推广价值

正如《关于构建和谐劳动关系的意见》指出，我国正处于经济社会转型时期，劳动关系的主体及其利益诉求越来越多元化，劳动关系矛盾已进入凸显期和多发期，劳动争议案件居高不下，有的地方拖欠农民工工资等损害职工利益的现象仍较突出，集体停工和群体性事件时有发生，构建和谐劳动关系的任务艰巨繁重。

与此同时，企业社会责任建设已经得到许许多多企业的重视，2015年前三个季度，全国共发布了2055份企业社会责任报告，其中浙江发布社会责任报告361份。企业社会责任建设在浙江正全面推开，在全国也越来越被关注。2015年12月，浙江省企业社会责任促进会成立，这标志着全省企业社会责任建设的系统推进。

杭州市历经十年探索形成的以企业社会责任评估为载体的和谐劳动关系发展模式，在当今和未来较长的时期内，具有总结的价值，具备推广的条件，值得被深入研究、宣传、提升，为全省乃至全国和谐劳动关系构建提供经验借鉴。

村级事务准入制

安吉县民政局

一、主要做法

2012 年 11 月，安吉县在全县范围推广实施村级事务准入制，由县民政局组织牵头，各有关部门参与落实，截至 2015 年，在规范村级事务管理和推进村级事务准入工作上对村（社区）标识标牌、组织机构、考核评比、资金管理、用章规范、报刊订阅等事务实行准入制度。按照"全面规范、彻底清理、高效运作"的原则，对一些与现实管理要求不相适应的或能够合并的社区（村）考核评比事项，按照"能减必减、能并必并"的要求，予以取消或调整；对必须保留的考核评比项目也要求尽量简化考核环节和纸质考核申报资料要求，切实减轻基层组织工作台账和考评创建工作任务，着力提升城乡社区管理服务水平。

二、绩效评价

通过开展村级事务准入工作，切实做到为基层减轻负担。主要体现在以下几个方面：一是减少标识标牌。将原先村（社区）上墙面近百块机构牌、制度牌减少到 13 块。二是精简组织机构。除《村（居）民委员会组织法》规定设置的专门工作委员会和基层群团组织外，其他的机构或组织进行整合取消。三是规范考核评比。清理考核评比事项，保留 17 项，同时注重实际效果和群众满意度。四是完善创建管理。创建活动实行项目化申报和管理，对无实质性内容，无人、财、物保障的创建活动，一律予以取消。五是严格用章管理。制定下发用章清单，确保村（社区）盖章的法律证明力。六是严格报刊征订。除党报党刊外，其他刊物一律不得要求村（社区）征订。七是严格资金管理。出台涉村（社区）财政资金及专项资金管理办法,注重资金拨付与村(社区)事务运行状况评估结果挂钩。

三、创新启示

安吉县在浙江全省率先推行的村级事务准入制,从减牌子入手,减轻基层负担,是一次完善基层治理机制的探索实践。精简放权,并不代表不管,反之是强化服务,优化考核,让政府行政管理与基层群众自治有效衔接和良性互动。各机关部门一改过去的看台账、听汇报等做法,所有考核考评以村(社区)工作实绩和群众反馈的意见为主。这样既减轻了村干部身上的考核负担,同时也使他们有更多的时间和精力投身于村庄建设管理、服务村民中,使基层干部的作风更踏实。安吉的做法,已于2014年9月在全省推开。通过在全省开展村(社区)"三多"(村/社区机构牌子多、考核评比多、创建达标多)事项清理整改,实现更加全面、干净、彻底的"大手术""大瘦身",推进基层治理体系和治理能力现代化。

图书在版编目（CIP）数据

治理创新的浙江解法 / 金雪军，张军主编. —杭州：
浙江大学出版社，2018.3
ISBN 978-7-308-17949-2

Ⅰ.①治… Ⅱ.①金… ②张… Ⅲ.①地方政府－公
共管理－浙江－文集 Ⅳ.①D625.55-53

中国版本图书馆 CIP 数据核字（2018）第 015703 号

治理创新的浙江解法

金雪军　张　军　主编

责任编辑	余健波	
责任校对	陈静毅　梁　容	
封面设计	周　灵	
出版发行	浙江大学出版社	
	（杭州市天目山路 148 号　邮政编码 310007）	
	（网址：http://www.zjupress.com）	
排　　版	杭州好友排版工作室	
印　　刷	绍兴市越生彩印有限公司	
开　　本	710mm×1000mm　1/16	
印　　张	12.5	
字　　数	198 千	
版 印 次	2018 年 3 月第 1 版　2018 年 3 月第 1 次印刷	
书　　号	ISBN 978-7-308-17949-2	
定　　价	35.00 元	